魂活

人生の9割を思い通りに引き起こす

千葉一人

三楽舎

はじめに

あなたは今幸せに暮していますか?

病氣、お金がない、人間関係のトラブルに見舞われている、理想とする結婚相手が見つからない、引きこもりなど、様々な悩みを抱えておられる方も多いと思います。

そうしたことは個々、それぞれに病氣であればお医者さんに、心の問題であればヒーラー、占い師、心理カウンセラー、人間関係であれば公的な心理カウンセラーと、それぞれバラバラに相談する場所に行かれる方も多いと思います。

しかしながら、それらを一つの共通する原理で改善することができる、と言うと皆さんは信じられるでしょうか。

そもそも、なぜ私がそういう事を研究するに至ったかと言いますと、私の父は著名な外氣功療法師で、日本で初めて代替医療として認められた氣功師だったのです。

連日、父の元にはがんをはじめとする様々な病氣や病氣以外の問題を抱えた方が訪れていました。私は父の傍で父の助手として一緒に働いていました。

ですから、父の本当の声を一番聞ける立場にありました。

よく父が一日が終わった後にこぼしていた言葉として、今も耳に残っている言葉があります。


治らない患者は本人が悪い。心がけが悪いからあの人は良くならないんだ、とこぼす声でした。

私はその父の言葉を聞きながら正直あまり良い氣分はしなかったのを、今でも覚えています。


そして、私の心の中にしばらくすると根本的な疑問が湧いてきたのです。

それは、なぜ同じ病氣の人が父の同じ氣功を受けたのに、良くなる人とそうでない人がいるのだろうか？　という疑問です。

最初は小さかったその疑問が、どんどん大きくなってきて、私はその疑問の答えをどうしても自分で見つけたいと思うようになりました。

やがて父が亡くなり私がその外氣功療法院を継ぐことになり、そこの院主となったわけですが、その疑問を解決したいという欲求は日に日に大きくなっていきました。

私はその疑問を解決するために研究を始めたのです。

それには数年かかりましたが、やっと結論を得ることができました。

ドイツ波動医学に出会い、客観的に検証することができました。

そこには〝共振共鳴〟という原理が働き、病氣だけでなく、運、もっといえば人生も共振共鳴で変わっていくことを突き止めました。

ドイツ波動医学でも使われている機器「レヨメータ」は、波動を数値で表すことができることもわかりました。

物質は量子力学的にみると振動して波動が出ています。同じように、人間の感情や臓器にも様々な周波数があり、その周波数を用いて身体の不調や病氣の原因などをレヨメータで測定し、その周波数を整える（波動調整を行う）治療がドイツ波動医学です。

さらに、研究をすすめるうちに密教十三仏には、それぞれの波動があり波動の力を利用して魂レベルの波動を上げていくことを発見しました。

そのように見えないエネルギーを数値に表していくうちに、亡くなった人があの世で成仏できているのかも数値化できるようになりました。

最終的には、共振共鳴の理論と十三仏での祈り、そして自然界と共振共鳴することの絶大なる力を発見したのです。

本書は、それら私が追求して研究してきた結果を、わかりやすくみなさまにお届けしています。

人生には色々なことが起こります。

病氣、失業、倒産、人間関係の問題、そして、まだまだ続くであろうコロナ禍で世の中は変化を余儀なくされています。

その答えを、今回この本の中に書き、皆さまのあらゆるお悩みの解消のために役立てていただこうと思い至りました。

あなたの人生が最高の状態になるためのバイブルとして、そして、大きな未来が拓くように願っています。

第4章 これから私たちがするべきこと

第5章 あなたの振動数を上げて幸せになる

1章　地球が病む理由

「相対」という仕掛け社会

今のこの時代を生きやすいと感じ、心も身体も平和に暮らせている方は、一体どのくらいいるのでしょう。

あなたが、幸せで楽しいと思えていたら何よりです。しかし、多くの人は、何かしら満たされなかったり、心身の不調を感じたりしながら生きているのではないでしょうか。

今日一日を思い返しながら床につき、翌朝は、どんな楽しいことが待っているかとワクワクしながら目覚める。そういう人はどのくらいいるでしょうか?

たぶん幸せだったり、つらかったりの繰り返しではないでしょうか。

この幸不幸と感じる本当の正体は、「相対」という概念から来ています。

充実した毎日、健康や平穏、平和な社会、それらは病氣や諍い、辛いことなどが存在し、それらに対比して感じていることなのです。

もし病氣というものが存在しなかったら、健康になりたいとは思わないでしょう。戦争など他者と争うという事象がなければ、平和な世界を願うこともありません。

「病氣になると、健康のありがたみがわかる」

「戦争という過ちを繰り返さない」

そういった言葉が表している通りです。比べるものやそうではない状態があるから、人は何かを願ったり欲したりします。今とは違う状態を望んだり、逆にマイナスな状態を想定して、今の状態がそのまま続いてほしいと考えたりします。

この現代社会は「相対」の世界なのです。何かと比べることで、何かを判断する仕組みになっています。

それは多くの人が「絶対」の世界を知らないからなのです。「絶対」の世界では、ここにあるもの、起きていること、ありのままの状態が唯一無二の絶対の事象です。比べることができない、比べるという概念がない状態です。

ひとことで言えば、一の世界。

存在しているのでゼロではない、しかし比べるものがない。

そこに何の疑問も抱かない。変わってほしいとも、そのままであってほしいとも考えることがない世界のことです。比べることがない世界なのです。

たとえば、「絶対」の世界を認識していない人にとって、そもそも「相対」の世界なんていう言葉が出てきません。それはつまり、今の人々にとっては「相対」の世界が「絶対」になっているという皮肉な事象といえるでしょう。

「絶対世界」と「相対世界」

この言葉は、はじめて耳にする人にとってはわかりにくいかもしれません。しかし、現代社会が相対の世界であるということを人々が認識しなければ、地球は生まれ変わることができないのです。社会は変わらないのです。

いじめや誹謗中傷にさらされる世界。衝動的に、または身勝手な理由で他者を傷つける者、自ら死を選ぶ者が後を絶たない社会。

ほとんどの人が、何らかの息苦しさや、ストレスにまみれて生きている社会が今です。

「今の自分をどうにかしたい」

「この世の中がもっと良くなればいい」

それは難しいことではありません。

自分をどうにかするということはできるとしても、世の中を変えるなんてことができるのか？

できるのです。正確に言えば、自分が変われば世の中も変わります。

この話は、これからくわしくお伝えしていきますが、まずは、相対の世界というものを理解することからはじめましょう。自分が、相対の世界で生きているということを意識してみてほしのです。

相対の世界は比べる世界。他者と自分を比べて、自分の状況を判断する世界です。

ネガティブな想いというのは、この相対世界の中で生まれるものです。比べることから生まれる嫉妬。他者に対して湧き起こる憎しみ。満たされないから、願いが叶わないから感じる悲しみや苦しみ。それらは絶対世界には存在しないものです。

そもそもネガティブという言葉も、ポジティブに対してのもの。比べるものがあるから「あの人はポジティブで素敵」「この人はネガティブで暗い」といった表現になります。

最初はよくわからなくても、この世界の真実を知っていくうちに、自然と腑に落ちるはずです。まずは私たちが相対の社会に生きているということ、それがネガティブな事象の原因だということを知って、この先を読み進めてほしいと思います。

「マウント」という現代病から降りよう

よくSNSなどで耳にするマウンティング。

そもそもマウンティングとは、人間以外の動物の行動で使われる言葉でした。動物のオスがメスを獲得するために、自分の優位さを見せつける。群れのボスがメンバーを統治するために、自分が一番だということを示す。そういう行為を指す言葉でした。

人間も動物ですから、そういう本能があるのは当然のことです。しかし、動物のマウンティングは、それをしなければ殺されてしまう。子孫を残すことができない。厳しい掟の中で生きるために必要だからするのです。

ところが、人間は、生きるか死ぬか、子孫を残せるか残せないか、そういう状況とは関わりなく、常に他者と自分を比較して、他者よりも上であろうとしがちです。自分の満足感のために他者を貶めたり、自分のほうが上だと示したがります。今の地球は、そういうことに長けている人たちが台頭している状態です。その結果、ネガティブな想いが渦巻き、邪氣に支配されているといってもいいかもしれません。

地球が自然に包まれていた頃は、自然が邪氣を浄化してくれていました。この地球上にあって絶対的な存在は自然です。

花は自分と他の花を比べたりしません。季節がくれば咲き、実を結んで命をつなぎます。木は淡々と成長し、川は地形に沿って流れていくだけです。他の川がどんな様子かなんて、氣にするわけがありません。

自然のなかに身を置いたときに癒しを感じるのは、あるべき姿を見せてくれるから。いえ、見せてくれるのではなく、あるべき姿のまま、置かれた場所に存在しているからです。そこで自然のサイクルの一員として命をつないでいるからです。その絶対的な存在である自然に囲まれることで、私たちは癒やされるのです。

言葉が方向を決めていく

絶対の世界に存在する自然の産物も、人間社会に持ち込まれてしまえば相対の世界の影響を受けます。

ご存知の方も多いと思いますが、ご飯をふたつのビニール袋に分けて入れます。片方には毎日「愛しています」と言い、もう一方には毎日「バカ」「嫌いだ」などとネガティブな言葉をかける。するとネガティブな言葉を浴びせられたご飯はすぐに黒ずみ、カビて腐っていきます。「愛しています」と言われ続けたご飯は、しばらくおいしそうなまま保たれます。

いずれは自然の摂理のままにカビて腐っていきますが、ふたつの過程は全然違います。「愛しています」という言葉をかけたご飯は、ただ腐るのではなく、発酵して麹にもなります。

言霊という言葉もある通り、言葉には魂が宿ります。良いことも悪いことも、言葉にすることで現実化していきます。

問題ばかり口にしている人は、その問題が解決していきません。うまくいっている人の言葉を注意して聞いてみてください。「ありがとうございます」「やってみましょう」「それは素晴らしい」など、前向きな言葉がたくさん出てきます。

自分の人生を腐ったご飯にしていくのか？　発酵させていくのかは、あなたの言葉で決められていきます。

たとえそう思えなかったとしても、「うまくいっている」「感謝します」「ありがとうございます」という言葉を使っていくことで脳はそのように判断してその方向へ動きます。問題に焦点を当てるのではなく、どうしたいのかに焦点を当て、プラスの言葉を使っていくことで、自分の人生を拓かせることができてくるのです。

さらに言えば、問題はすでに終わっているのです。私達は今を生きています。ですが、人はさっきできなかったこと、これから始まる未来を不安に思い悩む。

そして、困ったことが起きた、不安だと口にしているのですね。昨日起きたことを翌日になっても悩み口にすることで、固定化していきます。どうしていきたいのかではなく、悩みの中に身を置き続けてしまっているのです。それが言葉として出てきてあなたの人生をマイナスにしてしまいます。

終わったこととして、どうしていこうか？　という意識に変えることで使う言葉が違ってきます。

過去を見ている限り、人はプラスの言葉は出てきません。自分の使うプラスの言葉に乗って進んでいくことです。

もし、今あなたがいまひとつ運がない、うまくいかないと思っていたら、ぜひとも言葉を変えていきましょう。

試しにかんたんですから、ぜひご飯の実験をやってみてください。

言葉に宿る命を目の当たりにすることができるでしょう。

お金の支配を見抜く

物質主義の世の中で、幸せという価値観をそこに据えると、お金が幸せの元ということになります。お金がないと不幸、お金があれば好きなものを手に入れられて幸せだと。

しかし、欲に限りはありません。欲しいものを手に入れたら次のもの。そしてさらに次のもの。延々と続く欲に振り回されるだけで、物質では本当の意味では満たされないことを、みなどこかではわかっているはずです。

そして、その欲をみごとに使いこなしているのが社会の本当の支配者たちなのです。彼らは、お金のことなんてなんとも思っていません。欲しければすぐに手に入る仕組みを持っていて、そこに価値を見出していない。もちろん贅沢な生活をしています。しかし、それは結果としてであり、それ自体が彼らの目的ではありません。

支配欲です。彼らにとっては、お金は支配のための道具です。資本主義社会をつくり、お金のためにみんなが必死で活動するシステムを構築する。そして支配する。

資本主義という自由に見せかけた自分たちの欲を満たす社会を、構築しているのです。それが支配者のやり方です。人々は支配者たちの手のひらで踊らされている状態です。

支配される側は、そのことに氣づくことさえなく、もっとお金がほしい。お金が入ったらあれを買いたい、これをしたい。それが手に入ればもっともっと。

麻薬のように、お金を手にした瞬間、ほしいものを買った一瞬の満足を求めるように仕組んでいるのです。ですから、根本から満たされることなく、常に渇望しながら欲求不満のはけ口を探している。それが今の社会です。

では、そこから抜け出すためにはどうしたらいいのか。

そう考えたときに、たとえばスマホやコンピュータを使うのをやめる。電化製品を手放す。そんな極端な方法をイメージする人もいるかもしれません。

しかし、そういうことではありません。依存というほどスマホやコンピュータに向かっている人は、それを減らすにこしたことはありません。しかし、便利な生活を手放すことが物質主義から離れることではないのです。

根本は「今の状態に満足すること」「自分はすでにもっている」と肯定することです。それ以外に、現代社会で幸せに生きる方法はありません。

物欲、金銭欲というフックで操つり人形のように、踊らされているだけなのです。他者との比較のなかで起きる不足感を見事に利用して操作されているのです。ですから「足りないものを埋める」方法では、埋めた先からまた他の足りないものが現れるだけなのです。

そこで、良い方法が「スタート地点を変えてみる」ということなのです。

今の状態で十分満たされていると決めることであり、それが事実だということを理解することです。でも何か心身が安定しない。幸せを感じられない。ならばその原因を探すことです。

その方法は、自分の内なる声に耳を傾けること。幸せや満足は、自分の中にあります。いくら外から補っても、根本的には自分のものにならない。だからまた求める。しかし内側から満たしてあげれば、心身が安定し不満や不足を感じることなく生きていけます。もちろん、内なる声が求めるものは補っていいのです。

今の自分の状態は、すべて自分自身がつくっているということ。そして、今のこの状態で完璧であること。今のありのままを認め、受け入れることは、すべてのはじまりです。

そういわれても、最初はどうしたらいいのかわからないかもしれません。自分の心の内、本当の自分と対話する方法は3章にくわしく示していきますので、まずは、現代社会は仕組まれた欲の世界という事実を知っておいてください。

しかし、その欲の世界も、私達の集合意識から発生したものと言えなくもないのです。

空いた穴をふさぐ現代医療

欲が支配のためのコントロール剤として使われているように、私達の身体もコントロールされています。

多くの人は、風邪をひけば薬を飲みます。どこかが痛めば痛み止めを、湿疹ができれば塗り薬を使います。病院に行けば処方箋が出され、街にはたくさんのドラッグストアがあり、いつでもどこでも薬が手に入ります。

しかし、薬というのは、病氣を治すというよりも、症状を一時的に抑えるものだと思います。

雨漏りが起き、水に濡れた床は拭けばとりあえずきれいになります。しかし、次に雨が降ればまた水が垂れてきます。それを繰り返していたら、やがていつも濡れる部分が腐ったり、家具が被害を受けたりするでしょう。

雨漏りをしている部分を修繕しなければ、問題は解決しません。しかも、修繕のためには、なぜ雨漏りがしたのか原因を解明することが大切です。

老朽化であれば、できている穴をふさぐだけでなく、屋根全体を取り替えなければ、また他の部分が雨漏りするかもしれません。

何らかの不備で、同じところにばかり雨が強く当たり、そこだけ痛みが早いのであれば、雨の当たりが集中しないようにすることも必要です。穴をふさぐだけでは十分ではない。ましてや、濡れた部分を拭くだけでは、何の解決にもなりません。
これを身体に置き換えると、痛み、痒み、発熱、腫れる等々、現れる症状そのものを抑えたり、除去したり数値をコントロールするのが現代医療の主な治療法です。

救急の場合は別ですが、その療法で一時的に症状は治まりますが、あくまでも目に見える症状を取り去ったことに過ぎないので、再発したり薬の副作用で別の病氣の引き金になったりします。

私の妻は、13年前に乳がんに罹りましたが、自分でがんの原因を理解し、生活を一変させ、意識のあり方を変え、自然治癒力を引き出すことで3年後にはがんは消えていました。自然治癒力は、心や身体の毒素を出して自らの治る力を高めていくことなのです。

真の解決方法はあなた自身にあるのです。病氣というシグナルを受け止めて、生活、考え方、環境が間違っていなかったのか？　自分と本氣で向き合い不要なものを見つけ出して、取り払い自分を変えていくことを、続けていくことが大切です。

薬というリスク

薬は、一時的に症状が治まり苦しみから解放してくれます。ですから、薬は楽にさせてくれるものだと思うことは無理もありません。

しかし、悪いことに薬は害にもなります。特に心の不調の場合、良かれと思って飲んだ薬が悪影響を与える、他の不調の原因になるというのはよくあることです。そのうえ、薬物依存というリスクもあります。

今の医療ではたくさんの薬を処方されるケースが多く、そのため依存症に陥りやすいことを知ってほしいと思います。

薬の多くは程度の差こそあれ、毒にもなり得ることや麻薬性を含んでいます。薬をやめることで禁断症状が出たり、特に精神が不安定な状態の人ならば、薬がないことで強い不安やストレスを感じるようになってしまいがちです。そうなれば、薬をやめられないことが問題になるという本末転倒状態です。薬をやめるために病院に通うという人もいます。

さらに、複雑なことに人間の心身の場合は、家や車や機械と違って部品の組み合わせでできているわけではありません。心臓や胃、腸、骨、皮膚や脳など、たくさんの器官の細胞、組織が助け合っていて機械部品のように独立していません。

食べたものが口から食道、胃、腸と進むなかで吸収と排出がうまくいくか、吸収されたものが血管を通って全身の細胞の隅々まで届くか。ウィルスなどの有害な異物が入ってきたときに、免疫機能が正常に働いて異物に対抗することができるかが重要となってきます。

そこには「どんなものを食べたか」にはじまり、各器官がそれぞれの役割を果たしながらしっかり連携しているかという、全身すべての機能、細胞と関わる現象があります。

自分自身の人生を生きるためには、悪い作用の元を断って、本来の真に健全な状態に戻ることが必要です。それは薬という化学物質を大量に体に入れている限り叶いません。

いかに身体を自然な状態に戻していくかを考えてみましょう。食生活を中心に、生活習慣そのものを改め、考え方、使う言葉を変える！

そうしなければ、病氣の繰り返しになります。

身体は魂・心の器です。器が壊れてしまったら中身にも影響を及ぼします。同じように、器がどんなに良くても、中身が傷んでいたらどうにもなりません。

心身はすべてがつながっており、切り離すことはできません。

「努力」という楽しさを味わう

自分の内なる声、本当の自分と向き合う事は全ての基本です。そのことなくして幸せも平穏もありません。

それだけ大切な内なる声に耳を傾けようとするとき、邪魔をするのが大量な情報です。

特に今話題の5G「第5世代移動通信システム」には注意が必要です。情報を得る速さに伴って、さらに情報が得やすくなることにより失うものがあります。それは、自ら考え、感じ、味わい、模索し、体験する、実感するということ。

私たちの住む地球は3次元の世界と言われていますが、本来は5次元の性質である、意識を現実化する能力を潜在的に持っています。

しかし、高次元の星から比べると時間の概念があるがゆえに、顕在意識での実現がしにくい現実があります。そのため、より多くの努力が必要となってきます。

しかし、この社会は今後5Gを利用して、より利便性を上げる高次元の世界に近づこうとしています。速い、便利と物理的速度はますます上がっていきます。

そもそも、次元が高いことが良いことと思われていますが、どんな次元であっても、満たされた状態であればいいわけで、次元が高ければ高いほど幸せだとか、優れているということではないのです。

確かに次元が高いほど意識的にも高次になりますが、高次元の世界も絶対の世界ではなく相対の世界ですから、少なからず、ネガティブな意識もあるのでネガティブなことも、現象として起こってきます。

それでも望みが叶いやすい世界では、小さなことで争ったり、弱い人を影から攻撃し、傷つくさまを見てストレスを解消するなんてことはないでしょう。常に人と比べるという必要もないので、嫉妬のような感情もないということになります。

願ったことはすぐに叶い、望みは頭に浮かんだ時点で実現している。待つ必要がないので時間の概念もありません。

地球では、願いを叶えるために努力をしなくてはなりません。時間がかかることもあるし、願いが叶わないことも珍しくはありません。しかし、地球はそれでいいのです。この地球が何でもすばやく望みが叶う高次元の世界になったとしたら、もう、魂を磨く地球ではないのです。満たされていたバランスが崩れた、不安定な星になってしまいます。

この地球は、様々な試練を味わい、だからこその感謝や愛や調和を体験するための場所なのです。

「努力」という楽しさを習慣化し味わう場所なのです。

ニセモノの成長システム

現在、社会の動きはよりスピーディーに便利で高次元な世界にシフトされているように見えますが、本来魂を磨くために生まれてきたことを、忘れてしまいました。これでは、私たちが生まれてきた意味である「魂の成長」が止まってしまいます。健康面でも5Gをもたらすことによる弊害もたくさんあります。地球になかった5Gという電磁波を縦横無尽に飛ばしまくるのです。不自然の極みですから、おかしなことにならないわけがありません。

弊害はすでに数々報告されています。電磁波が人間の内部に溜まりやすいこと。すると血流が悪くなります。血流は健康の源ですから、滞れば様々な病氣の原因になります。鉄塔の近くに住む人が病氣になりやすいというデータはすでにありますが、その電磁波の害がもっと広範囲になるということです。

現実的な健康被害がわかっていて、それによる心の問題や経済問題、目には見えないストレスの増大なども報告されています。

そういった電磁波をもっと高めよう、どんどん利用しよう、それが世界を良くすることだと、今、世界中で洗脳のための宣伝がなされています。危険だという声は「極端な考え方」「偏った意見」のように扱われ、無視されようとしています。

テレビがもっときれいに映る、通信速度がものすごく高速になる。スマホでできることが急増する。誰もが「便利になる」と喜ぶ事象だからこそ、支配者にとっては好都合です。進化していっているように思わせ人々を喜ばせながら、お金を払わせながら支配を強められていく、こんな都合のいいことはありません。

「ウィン＝ウィンの関係」を装いながら、一方は徹底的に搾取されるのみ。それが労働や金銭だけならまだマシです。自己肯定感、幸福感、健全な心身、生きている意味、魂の安寧…そういったものが奪われているとしたら？

知らない間に奪われ続けているのが、今の社会に生きる普通の人たちだとしたら？　自分のことだとしたらどうでしょう？

自然と離れてはいけない

地球が弱っていくのを止められるのは自然界だけです。絶対世界につながっている存在、それが自然界です。自然とともに、そのサイクルのなかで生きている限り、人間は幸福でいられるはずでした

日本では八百万《やおよろず》の神という考えがあり、自然を敬う意識がありました。おおまかにいって、東洋では神と自然はセットであり、崇める存在としてあり続けました。

近代の西洋は違います。自然は支配するもの、人間のために役立ってもらうものという考えが主体となっていきました。科学の力で自然をねじ伏せようとしてきたのです。それは、たとえば砂漠という脅威の自然のなかで生きる人たちと、四季に囲まれた豊かな環境という成り立ちの違いも影響しているかもしれません。自然を敬うものと感じる国と自然は立ち向かうものという違いです。

しかし、日本でも自然が巻き起こすような災害は起き、いつしか日本でも、自然

をコントロールするための技術開発が進み、一部の自然災害は抑制できるようになったかもしれません。また、科学の進歩をもって、自然を利用する技術も多く開発・運用されています。

そして、人間が自然に勝ったと思うように変わっていきました。

人間は自然のサイクルの中で存在できているのであり、自然を破壊し木々を切り崩したりしていけば、その報いは必ず自分たちに返ってきます。

自然は人間が支配したり、コントロールしたりしていい存在ではありません。自然が豊かにイキイキと、あるべき姿であり続けることが、宇宙とつながる完全な存在としての地球を守ることであり、その星に住む私たちを守ることになる。そのことについては、うすうす氣づいている人も少なくないはずです。

八百万の神を拝んできた日本でさえも、近年は大規模な自然破壊や開発が進められてきました。その結果、この数年、記録的な大規模の自然災害が立て続けに起きています。自然を破壊し、コントロールしようとした報いを受けている状態です。

このままの社会が続けば、自然災害はもっともっと規模を増し、地球は人間にとって危険な状態に陥るでしょう。

しかし、地球自体や人間以外の野生動物にとっては、そのほうがいいのかもしれません。自然への畏怖を忘れて横暴に振る舞う人間を懲《こ》らしめる。いっそ淘汰してしまう。そうすれば、地球環境は改善され、動物たちにとっても暮らしやすい自然な地球に戻るのかもしれません。

前項で、電磁波が人間の体内に溜まると血流が滞り、病氣を引き起こすと述べましたが、自然も同じことです。不自然なことをされて溜まっていった悪いものを、なんとか排出しようともがいています。大雨や地震、台風などで、内部に溜まった滞りを出そうとしているのでしょう。

コロナウィルスの意味

新型コロナウィルスの発生は大きな意味を持ちます。本来ウィルスはそれ自体、良いものでも悪いものでもありません。あるひとつの存在が、人間に悪影響を与えれば悪者、何もしなければ話題になることもありません。

人間都合で騒いでいますが、地球にとってみればどちらでもいいのです。自然界はコロナがどんなに拡散しようが自粛することなく花は咲き、果実は実り、梅雨には雨が降って季節は変わっていきます。

生産性をあまりに追求してきた人間への、警笛を鳴らす役目を担っているのかもしれません。

派手なことをして遊ばなければ楽しく感じられない感覚の肥大化。会社組織というピラミッドのなかで仕事よりも人間関係で疲弊している人の多いこと。時間を切り刻むように働かせる企業、そんな動きを見事に止めて、振り返る時間を与えてくれたのがコロナです。一番小さい単位の家庭で過ごす時間を取り戻させ、何をあんなにまでと、いったん立ち止まる機会を与えてくれました。

コロナウィルスは、急ぎすぎる私たちに大きな氣づきの機会を与えてくれているのです。

膿を出して邪氣を払う

地球は自力で膿を出し、本来のサイクルを守ろうとしています。

では、人間はどうすればいいのか？　人間は自然とつながることです。

つまりそれは絶対の神とつながることになり、心身の健康も幸せももたらされてくるのです。

やがては、５Ｇはどんどん浸透していくでしょう。そんななかで少しでも体内に悪いものを溜めない工夫をしましょう。

難しいことはありません。誰もが日々の生活のなかで実践できる方法がいくらでもあります。

たとえばアーシング（Earthing）。ご存知の方も多いと思いますが、アーシングとは電氣のアースからきた言葉で、電磁波を大地に逃すことを言います。

理想は朝、太陽の光を浴びながら地面の上に裸足で立ち、深呼吸をします。裸足で大地に立つことで、静電氣や電磁波など、体内に溜め込まれた悪いものが地面に流れ出ていきます。

近くに神社や自然を感じられる場所があれば、そこで行うのがお勧めです。砂浜や公園の芝生の上を裸足で歩いたり、ガーデニングや公園の樹木に触れたりするだけでも効果があります。

家や部屋の四隅に、とがったものを立てると、空間の波動を高めたり浄化したりすることにつながります。

体内に溜まる悪いものは電磁波だけではありません。食品に含まれる化学物質も自然界と対極のものであり、体内に蓄積されて心身を蝕むもののひとつです。できるだけ添加物の少ない自然の食品を摂ることも、体内に悪いものを溜めないためのひとつの方法です。

そして、ときには自然を感じられる場所にでかけて、ゆっくり過ごす時間をもってみてください。自然の一部になったとき、大きな癒しを感じることでしょう。そうすれば、体内に溜めておきたくないものが排出していくでしょう。

地球にも人間にも自浄作用があります。自分自身であるべき姿に戻ろうとする力をもっています。しかしこれは自然から授かった力なので、自然と離れてしまうと、どんどんその力が弱まっていきます。また、悪いものがあまりに勢いよく入ってくると、正常な営みを発揮できなくなってしまうこともあります。

地球も人間も、悪いものをできるだけ取り入れないこと。そして溜め込まずに排出すること。これが自然のサイクルを滞らせないために大切なことです。

意識して定期的に行えれば一番いいのですが、特に、ストレスが溜まっている、なんとなく体がだるい、ネガティブなことばかり考えてしまう…。そんなときにこそ何をおいても自然のなかに出かけていきましょう。

絶対世界と唯一つながっている
自然豊な地球という星だからこそ
魂を磨くことができる

2章　目で見る世界と感じる世界

波動環境を変える

波動は「氣」という言葉でも表せます。これらは何かといえば、特定の周波数を持つエネルギーのことです。目に見えないものを、適当に氣や波動という言葉にしているわけではなく、確実に存在するエネルギーのことなのです。

エネルギーのないものは、この世に存在することができません。つまり、波動は生命の源であり、物事はすべて波動によって成り立っています。

私が営む「魂クリニック外氣功療法院」は、氣、波動を整えることで「魂・心身」を調整する療法院です。

「病は氣から」という言葉がある通り、氣は私たちの心身の源であることはもちろん、私たちを取り巻くすべての物事は氣の状態で決まります。

「氣が合う」「氣が合わない」という言葉は日常的に使われますが、日々の生活がそれだけ氣に左右されることを、無意識のうちに感じているわけです。

氣が良ければ何事もスムーズにいきます。氣が悪いと、自分がいくら望んでいることでもうまくいきません。

人には、一人ひとり固有の波動があり、物にもすべて固有の波動があります。波動ですから固定したものではありません。

波動の共振共鳴によって物事が変化していきます。ですから、意識のあり方がとても重要なのです。

波動はエネルギーであり、たとえば霊も私たちと同じエネルギーです。エネルギーの状態が違うだけなのです。ですから、それ自体が怖いものではありません。

ただ、悪い想念をもった霊と共鳴することで悪い影響を受けます。

ニュートンの時代には、物質とはどこまで分解しても形があると思われていました。しかし、20世紀になり量子力学が発達すると、分子や原子、陽子や素粒子まで、目に見えない物質の構成要素の存在が証明されました。

そして、物質を分解していくと、すべてのおおもとはエネルギー（波動）であるということがわかりました。

物質だけではありません。運が良い悪いというのも、良い波動環境のなかにいるかどうかで決まる要素があります。

たとえば心身の調子も波動の状態です。良い波動の人の傍にいれば、こちらも良い影響を受けて幸せな氣持ちになった経験はありませんか。反対も然り。波動の低い人の側や、低い場所にいることで、影響を受けて運氣が落ちてしまうこともあります。ですから、波動の低い人とは距離を置くことが必要です。テレビなども同様です。不安になるようなニュースやワイドショーなどは消してしまい、心地良い音楽をかけた方があなたの心は豊になっていきます。

世の中には、波動を低くする情報がとても多く流れていますので、氣をつけてください。

波動を数値化する

波動は測定できます。見えない世界は確かにある。しかし、それを客観的に証明できないのなら伝えることはできない。「感じられる人は感じる。見える人には見える。だからあるんだ」ではわからない。

私自身、見えない世界があることは確信していますが、霊を見たり感じたりはしないので、何がどうなっているのか、自分が納得できないわけです。

そこでドイツ製のレヨメータという、波動を測れる機械を取り入れました。

ドイツでは波動医学という医療分野があります。共振共鳴の原理を使い、悪いところも良い状態と共振共鳴させることで治していきます。波動が科学的に研究され、医療として治療に用いられているのです。ですから、波動を測定する機器は普通に使われています。

波動を測定すれば、それがどんなエネルギーをもっているか、どんな状態なのかがわかります。この世の中に起きるすべてのことは波動の共振共鳴で起きているので、何と何がどうつながっているのか、どう関わり合っているのかがわかります。波動を解明することは、この世界の仕組みを解明することにつながります。レヨメータをとりいれて独自の研究を続けた結果、これまで概念として、または漠然とわかっていたことが自分自身も納得でき、人に解説できる形でわかってきました。

人間は神が分霊してできた存在

この世にあるものがすべてエネルギー体だとしたら、神とはどんな存在なのでしょうか。

私は、神というのは、ひとつになっていくべきエネルギー、おおもと、本質と考えています。それは人間が、もともと神から分霊してできた存在であるからです。

絶対世界にいると、神は自分が神であることがわかりません。他に比べるべきものが存在しないのですから。そのために、神が己を知るために分身としてつくったのが人間だと考えられます。

もともとは神の分霊として相対世界である現世に降ろされたのが人間という存在です。地球は絶対世界と通じている星であり、だからこそ、この地球に降ろされました。

本来あるべき神と人との間にあったつながり。それが保たれていれば、我《が》というものは生まれず、自然破壊も戦争もなかったはずです。神が自分は神であるということを知り、人は地球で小さなコミュニティをつくって暮らしていれば良かったのです。

しかし、相対世界に降りたことで、神とのつながりが外れた人間が増えていったのです。自分を知るべき分身だったはずが、意思を持ち、やがて我が生まれ、権力を欲しがるようになっていきました。文明が築かれ国家を形づくり、そこには争いも生まれていきます。さらに、そういう人間が増えれば益々競争が生まれ、争いは増える一方です。

そうなってくると、肉体が滅び死を迎えたとしても、絶対世界に還れない魂が増えます。還れないために、また生まれ変わり地球に降り立ちます。そういう魂は輪廻をしながら、もといた本来の還るべき場所である絶対世界をめざさなければなりません。

それが神と人間、生と死、輪廻の関係です。人は輪廻をクリアしながら、おおもとの場所である絶対世界に戻るために魂を磨いています。その舞台が地球という星にある今の社会だということです。

神であることとの忘却と罪

もともとは神の分身だった私たち。しかし、それを忘れ神との間にどんどんギャップが広がってきています。もとの自分である神をめざすからこそ、神が尊ぶべき存在であることも本能的にわかっています。

この社会には、神を名乗る者がいます。神の世界は絶対世界。相対世界であるこの世界に本質の神はいません。あくまでも裏表をもつ相対の神です。

神の代理人、代弁者を名乗る者もいます。しかし「自分だけが神の代理人」「自分の言うことは神が言うこと」と自ら語った時点で、それはその人間の我になります。我を出せば出すほど、もとはつながっていたはずの神と、どんどん離れていきます。

そうして、そんなホモ・サピエンスという民族が地球上で人口を増やす方法を手に入れます。それは虚構ということ。架空の話をつくる能力を手に入れたのです。嘘もまた、絶対世界にはありえないものです。

絶対世界では現実に起きていることがすべて。

相対の世界に生きるホモ・サピエンスは、そこから離れる一方というわけです。欲望をもつことで、地球はホモ・サピエンスの天下になってしまいました。欲望のない民族は淘汰されていったと考えられます。

つまり、自らのおおもとである絶対世界から離れ、虚構によって集団を大きくしていき、そういう欲望を重ねることで、欲望、争いが生まれ、それが人類の歴史になっていってしまいました。

もとは神の一部だったはずなのに、それを忘れて我を極めていく。その状態が極まり、今、地球は大変な状況になっています。これだけ多くの人々の罪やカルマが渦巻く世界。おおもと、本質に戻れないために輪廻を繰り返し、さらに人口が増えていきます。

そんな悪循環から、どのように抜け出せばいいのか。

輪廻をしなくていい魂。地球を卒業する魂が増えていくことが、地球を正常な状態にする方法です。そのために魂を磨くことが、私たちの生きている意味だともいえます。

本質をめざす「**魂活**」こそ生まれてきた意味であり、地球を清める手段。

本書の中で私が言いたいのはこのことです。

この世は自分がつくっている世界

私たちの生きる意味は「**魂活**」であり、それは地球にいるから必要なこと。つまり地球というのは「**魂活**」の場だといえます。

この地球の現代社会で生きながら、たとえば、たまたま日本という国のある地域で、ある家庭に生まれ育ち、今の状況にいるのだと考える人が多いでしょう。

しかしそうではありません。あなたの人生に起きるすべてのことは、あなた自身が生み出しています。良いことも悪いことも、すべて自分の意識が引き起こしています。

良いことはともかく、悪いことなんて望んでいない。たとえばいじめられたり、受験に失敗したり、大切な人を失ったり。誰が自らそんなことを望むでしょうか。できれば避けたかったのに否応なしに巻き込まれた。自分が不運だ不幸だと思うでしょうが、自分の人生は、何ひとつ他者のせいにはできません。すべてが自分の責任です。

言い換えれば、すべてを自分が起こしているのだから、いじめられていることの原因も自分にあります。

紛争地帯に生まれて毎日が命の危険と隣り合わせ。虐待する親のもとに生まれてひどい扱いを受けている。そんな、本人にはまったく責任も回避の手段もなさそうなことでさえ、やっぱり本人が選びその世界をつくりあげています。

子どもは親を選んで生まれてきます。どんな親のもとであっても、自分が選んで生まれてきました。

どんなところに生まれるか、どんな人生を歩むのか、それを決める要因のひとつに過去生があります。過去生で背負ったカルマが今世につながっているのです。カルマがまったくない状態であれば、それは地球を卒業するとき。絶対世界に還るときなので、もう生まれ変わりはしないはずです。

過去生でどんなことをしたとしても、今のこんな人生はひどすぎる、そんなふうに感じる人もいるかもしれません。しかし、今与えられた、いえ、本当は今回自分が選んだ…この人生を生き切って過去生のカルマを清算することができます。

辛いからといって途中で投げ出したり、誰かのせいにしたりして投げやりになっていては清算しないまま今世は終わってしまうかもしれません。そうなれば、また同じような状況下に生まれ、同じように辛い人生を繰り返さなければなりません。

自分のカルマは自分で清算するまでつきまといます。なかったことにしてスキップしたり、誰かに押し付けたりすることはできません。

「こんなはずではなかった」「どうして自分だけこんな目に遭うんだ」というようなことは通用しないのです。

では、耐え難いほど辛い人生だとしたら、どうしたらいいのでしょうか。

まずは、受け入れること。自分を責める必要はありませんし、責めるのはいいことではありません。

その時のあなたの次元では最高の選択をしたのです。

ですから、その決断を認めてください。

受け入れることによって卒業し、次の階段を上がることができます。
人生の目的は、カルマの精算だけではありません。
神の分身として幸せに喜びに満ちた人生を、全うすることが課題です。

幸福な人生を持続させる

今ある状況を自分が作っているとしたら、病氣も同じです。
滞ることなく動き続ける循環エネルギー。正常であればそうであるはずの氣が、何らかの悪いエネルギーによって滞った状態が病氣です。「巡り」の力などと言いますが、巡ること、循環することの重要性は、古くから本能的、感覚的に感じられ、また科学的にも解明されてきたことです。

病氣のもととなる悪いエネルギーを邪氣といいますが、この主な源はネガティブな思考です。つまり本人の心です。悪い食べ物や化学物質を摂れば体に悪い影響が出ますが、邪氣という悪い生命エネルギーは心身のバランスを崩すもとになります。

さらに、ジオ・パシックストレスも邪氣の原因となります。ジオ・パシックストレスとはギリシャ語で「ジオ＝地球」「パシック＝苦痛」という意味です。

地場、水脈、断層、電磁波などのことで、そこから知らず知らずに悪いエネルギーを浴びてしまいます。特に寝ている場所が水脈や断層の上だとすると、本来働く自然治癒能力がうまく働かなくなってしまいます。

また、重金属や化学物質など、私たちを形成しているもの以外の物質、電磁波など、循環や調和のなかにない物質などは邪氣であり、ネガティブなエネルギーということができます。

邪氣にさらされ続けると氣の巡りが滞って病氣になると述べました。ただし、病氣は一方的に悪いものではありません。病氣とは、そしてすべてのことは、何らかの理由があって引き起こされる事象です。

つまり病氣は、私たちに対するサインです。そこには必ず意味があります。発せられたサインに氣づき、それを改善すべく努力をして、より良い人生を過ごすよう

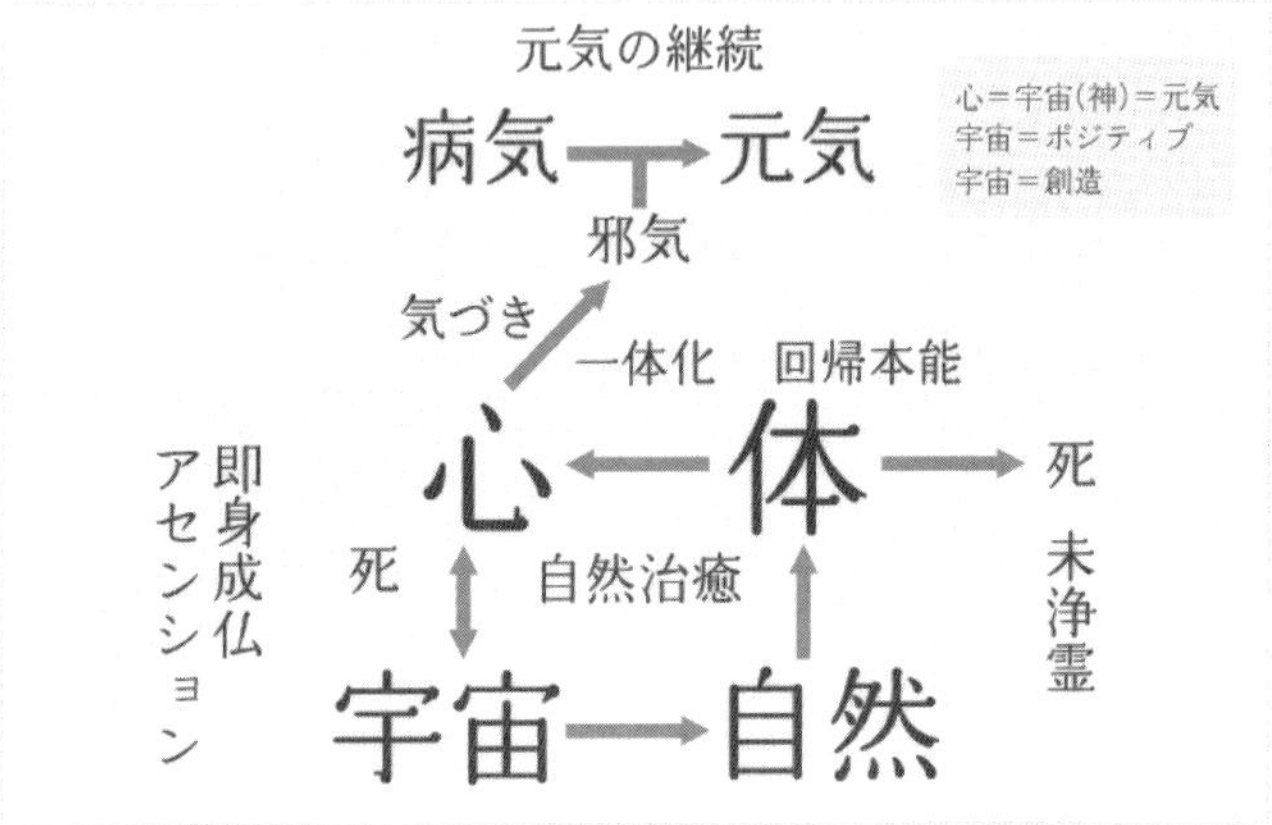

にと用意されたものなのです。

感謝をし、受け入れ、人と調和する。排他的なエゴの精神を捨てる。現代社会でむき出しになりがちなエゴ。自分さえ良ければいいという氣持ちがはびこることで、宇宙からのエネルギーが正しく受け取れない状態に陥っているともいえるでしょう。

それは結局は自分の首を絞めることになります。他者を押しのけて自分だけが得をしようとすれば、その報いは必ず自分に返ってきます。それが神とつながる宇宙の法則です。

自分を含めた大切な人々を愛し、受け入れることで、循環と調和に満ちた持続可能で幸福な社会を創造できるはずです。

毎日を変える言葉

1章にもありましたように、言葉というのは、非常に強い力をもっています。それについては、見聞きしたり、実際に体験したりという人も多いのではないでしょうか。

ポジティブな言葉はポジティブな思考を呼び、それがポジティブなことを引き寄せたり引き起こしたりする。ネガティブなことも同じです。

また、祈りが強い力をもつのもそのためです。願望は、はっきり言葉にして発することで、格段に叶いやすくなります。

なりたい自分になる、願望を実現させる方法はとてもシンプルです。言葉に出して宣言すればいいのです。

もちろん、ただ口にすればいいというわけではありません。そのうえで努力は必要です。繰り返しお伝えしているように、自分が生きている世の中は自分がつくっているのですから、自分が何をするか、どんな道を選ぶかですべてが変わります。自分の発する言葉、自分のすることで、環境はいかようにも変化します。

決意や願望を口にするだけでなく、愛を伝える言葉、喜びや感謝を伝える言葉もどんどん口にしましょう。あなたの周りが愛や喜び、感謝でいっぱいになります。「愛しています」「いただきます」は最強の言葉です。もちろん「ありがとう」も良い波動を生み出します。

「いただきます」は受け入れる言葉。どんな状況もありのままで受け入れて「喜んでいただきます」「喜んで務めさせていただきます」ということです。毎朝、毎晩、心を込めて口にするだけで、状況がどんどん変わっていくことを実感できるでしょう。

こんなにシンプルなことなのに、実行している人は多くありません。「本当にそれだけで叶うのかな」と思うのならば、まずやってみることです。万が一、何も変わらなかったとしても、失うものはひとつもありません。素直な心でそのままを受け入れる。これもそのひとつです。

また、当然のことながら、ネガティブな言葉は極力口に出さないようにします。怒りなどのネガティブな感情を抑える必要がないと前述しました。抑える必要はありませんが、口に出すことは賢明ではありません。

特に自分を否定する言葉は自分を貶《おとし》めます。なぜなら、私たちには見えませんが応援がたくさんついているのです。その見えない存在は、日夜あなたを応援しているのです。そこへああなんて自分はダメなんだ。俺はもう終わりだ！　などの自己否定をする言葉を発することで、周りの応援は消えてしまいます。

また、心の中に生まれたマイナスの感情を、自分自身で味わうことは大切です。しかしそれを言葉という、実現する力が強いものにして発するのはやめてください。ネガティブな現実ができあがってしまいます。

以前、ある野球監督が言っていました。

「選手に、くそボールに手を出すなといくら言っても、ボール球に手を出してアウトになってしまう」

それを聞いてアドバイスをした人がいたそうです。

「良い球を選んで振れ、と言ってみてください」

意味的には同じことですよね。しかし、監督が素直に従ったところ、選手がボール球に手を出す確率はぐっと減ったというのです。

最近では、教育の本などにもそういう話が出てきます。たとえば「道路に飛び出しちゃダメ」と言わずに「道路を渡るときには左右をよく確認して渡りなさい」と言う。

それだけで子どもの行動が変わるということです。


いろいろと問題や罠が多い現代社会でも、正しい道を探そうとする人はいます。特に世界がコロナ禍を経験した今、この社会は何かがおかしい、何かを変えなければいけないということに氣づく人は増えているような氣がします。

物質主義や我を押し付け合う世界から、一人ひとりが自分を見つめ、魂を磨くことで、人と人との輪が安定する世界。自然を敬い自然に感謝して、その恵みを分かち合う世界。そういう方向へのパラダイムシフトが起きれば、地球の未来は良い方向へと舵を切っていくでしょう。

パラダイムシフトでなくてもいいのです。みんなが比べることなく、競い合うことなく、それぞれが、あるがままを受け入れたうえで、穏やかに高い次元をめざす。そういう世界が実現することを願っています。

振動と幸福の関係性

振動、バイブレーションというのは波のこと。つまり波動のことです。振動は穏やかであるほうが次元が高いものです。穏やかであればあるほど、直線に近くなり、遠くまで発せられます。

穏やかなバイブレーションをもつことで、心身ともに整い、いろいろなことが自然とうまくいきます。そして、氣分を落ち着かせるためにも、自然と触れ合ったり、ありのままの自分を受け入れたりすることが大切です。

振動が大きくなってしまう理由はいろいろありますが、自分の中に自分が望まないもの、怒りや嫉妬の氣持ちが溜まってしまっていることが考えられます。ネガティブな氣持ちや思考が増幅することで、バイブレーションが乱れたり暴れたりしてしまうのです。

ここでひとつ間違えないでほしいのですが、怒りや嫉妬、悲しみといったネガティブな感情をもつこと自体は悪いことではありません。

ネガティブな感情が生まれるのは浄化のためです。自分の中に悪い想念が溜まらないよう、蓄えられないようにと感情となって発散させようとしているのです。それを無理に抑えては浄化ができません。悪いものがどんどん溜まってしまいます。

ですから、ネガティブな思考や感情に対しても、罪悪感をもったり無理に抑えたりせずに、認めて受け入れる。

「今、自分は怒りを感じている」「あの人に嫉妬している」

自分のなかのことです。誰にも遠慮せずにありのままを受け入れ、それを味わってください。しっかり味わうことが大切です。

それに対して原因を追求したり、反省したり、対処法を考えるのは感情が抑まってから。ただ受け入れ、感情を味わうだけでいいのです。

振動を上げること、高い状態で安定させること。つまり波動を高めることができれば、いわゆる運が良い状態、もっている状態になります。

たとえば自分が辛い状況にいたとしても、それを受け入れたうえで、そこにとらわれず、振動を上げるように心がけます。

アーシングや自然と触れ合う機会を積極的につくり、「愛しています」と唱える。大きな声で笑うことなども効果的です。

そういう日々の行いで、振動は安定していきます。

否定語を発してしまった後は、「いただきます」と唱えましょう

受け入れることで肯定的な意味に変わります

自己肯定は、神とつながる方法のひとつです

3章

自分の内側からの声を聴く

不食がもたらす心の安寧

実は、私は２０２０年6月1日から不食の生活をしています。不食を公言している人は少なくありません。ほとんどの人が、特に氣負うことなく、自分のしたいように不食の生活を送っています。そして私の知る不食の人々は、健やかでいきいきとしています。

不食についてはメディアなどでは懐疑的《かいぎてき》に報道されますし、信じられない人も多いのが現実だと思いますが、実際にやっていることなので、事実であるとしか言いようがありません。

不食とは文字通り食べないこと。ただし、食べ物を食べていないだけで「氣」は食べています。不食の世界で『プラーナ』と呼ばれる氣、この世界のどこにでもあるエネルギーを体に取り入れているのです。

そこが絶食と違うところです。絶食や断食というと、何も食べないこと。ということはその間胃や腸は働いていません。ですからいきなりはじめたり、いきなりやめたりすると、血糖値が急激に変化して体調不良を起こしやすくなります。

しかし、不食は普通にエネルギーを取り入れているので、胃も腸も、食べ物を食べて生活しているときと同じように働いています。いわば「食べる物」を変えただけの状態です。

ですから、たった今からはじめるということもできますし、今日は好きな物を食べようということで、ある日、普通の食べ物を食べ、また次の食事からプラーナにすることもできます。

ただし、これは理論上できるというだけで、実際は誰にでもできるというわけではありません。

プラーナは、それを食べると意識すればいいだけなので「どうしたら食べられるか」などということはないのですが「意識すればいいだけ」の意味がわからなければ難しいでしょう。

常識や知識をもとに、頭でいろいろ考えているうちは、なかなか実行できないかもしれません。「そうか氣を意識すればいいのか」と、すっとやってみられる人になら、できるかもしれません。

私は以前も不食をしていた時期があります。そのときは、どんなものだろうと思ってはじめてみました。お腹が空いてたまらないということも、体力が落ちるということもありません。

不食をすること自体が目的ではなかったこともあり、たまたま人と食事をする機会が重なったところで一度普通の生活に戻りましたが、その際は30キロくらい太ってしまいました。不食の間はやはり痩せるので、半分はリバウンドという感じですが。

大昔、長く飢餓の時代を経験した私たちのDNAには「溜め込まなければ」という意識が強く根付いています。これもカルマの一種といえるかもしれません。

そのため、しばらく普通の食べ物を食べないでいて、そこに久しぶりに食料が入ってくると「これを逃すべからず」と必要に以上に溜め込んでしまう。これがリバンドの原理です。不食の場合も、これが働きます。

私の今回の不食は、いよいよ現代社会の食べ物が危ないと感じたことからはじめることにしたのです。

危ない理由はふたつあります。

ひとつは、食べ物自体が足りない時代が来るであろうということ。

もうひとつは、今の食べ物は汚染の危険が高いということです。

また、土地も水も汚染がひどくなる一方の地球では、そこで育つ動植物にも汚染が広がっていて当然です。そのうえ、保存や殺菌、風味付けのためなどで、私たちの生まれ出《い》でた自然界には存在しない化学物質が混入された食べ物がいかに多いことか。

そんな毒された食材、不自然な加工品を摂取し続けるのは安全なことなのか。不安を感じながら食事をし続けるのが幸せなことなのか。

そういうことを考えたとき、不食をはじめるべきだと思いました。

今は、水分と甘酒を少し口にする程度。今回も食べないこと自体が目的ではなく、より良く生きることが目的です。ですから、食べたいときは普通に食べます。そして、次の食事からプラーナにします。心身ともに、まったく問題ありません。

そもそも、人間が3食規則正しく食事をすることになったのは、人類の歴史からみればつい最近のことなのです。それ以前は、毎日懸命に狩をして、獲物を手に入れられたときだけ食べ物にありつけました。

野菜や果物も、現代のように1年中何でもあるわけではありません。それどころか、季節によっては長らく何も収穫できないこともあったでしょう。毎日3度、もしくは定期的に食事をするのは難しかったのです。しかし、文明によって3食という定義が普及しました。しかし、今はまた自分のスタイルで食事回数を決める人が多くなってきています。

不食に興味のある方は、試してみるのもいいでしょう。普通の食事と同じように、それが合う、合わないもありますし、やめたいと思えばいつでもやめればいいのですから、単なるチャレンジとしてとりあえず体験してみるのも悪くないはずです。

ただし、実際には誰にでもできるわけでありません。体力を使う仕事をしている人や、酒席を外せない人などは、夏休みなどの休暇を利用したり、休みの日だけ試してみると、身体のなかがスッキリして浄化になるかもしれません。

また、理論で物事を考えるタイプや、過去生で飢えて亡くなった人にとっては、不食は難しいことであり、ストレスになりがちです。飢えという記憶が消えることのないデータとして、その人の魂に書き込まれているのです。そのため、食べ物を食べないことは不安で恐ろしいことという意識が潜在的に刷り込まれています。

もしそういう人が無理なく不食生活を送れたとしたら、魂が磨かれた証であり、飢えのカルマから解放されて次の次元に行く足がかりにもなるはずです。

「これで良し」自分を認めると幸せがやってくる

人はいつでも何かに生かされています。その何かはひとつではありません。たとえば使命という概念的なものもそうです。また、食べ物という直接的な物も挙げられます。

食べ物であれば、どんな種類の物で生かされたいか。本来もっていたはずのエネルギーを失い、不自然に改良や加工された食べ物によって生かされるのか。自然のなかに存在するエネルギーである氣によって生かされるのか。

できるだけ良いものに生かされることによって、自然とのつながり、絶対的な世界とのつながりを良くしていきたい。良い状態をキープしたいと願っています。不食はそのための手段のひとつだと考えています。

私たちは、どうしても外側に目がいきがちです。他者のこともそうですが、自分のことも同じです。他者の内面は見ただけではわかりません。しかし、自分の内面ならば、本来はそのままで生きていくべきものです。

飾ったり虚勢を張ったりせずに、そのものの自分、今の自分の内面のままで生きていく。しかし、現代社会において、それはなかなか難しいことです。

複雑化する人間関係のなかで、自分の内をすべて晒すことはリスクであると考えられるからです。相手に自分の本音を知られると不利になるのではないか。内面を見せることは怖い。そんな意識が一般的でしょう。

しかし、相手にどう見せるかということは関係ありません。まずは自分に自分のありのままを見せることが大切です。

「自分のことは自分が一番わかっている」

当たり前のような言葉ですが、本当にそうでしょうか。もしくは、わかってはいる、しかし、そこから目を逸らしたりしていないでしょうか。

普段、他者に対して自分を良く見せようとしている人は、自分でも本当の自分を見つめていないことが多いのです。自分自身にも、自分の姿をごまかしている。または、本来の自分をわかってはいても、見ないようにしたり、無視したりしようとする。

相手に対して本来の姿で接しないということは、ありのままの自分をも認めていないということになります。

自分で自分を認めていない。つまり直視していないし、ましてや語り合っているわけがありません。

自分の内側と対話をしようとしないことは、今起きている出来事はすべて自分が生み出している、という事実を認めないようにしていることを意味します。身の回りで起きるネガティブな事象の原因を外に求めようとします。それでは何もはじまらないし、何も変わりません。

どんなに一生懸命うまくいくように努力しても、どんなに人知れず苦労したとしても、根本が間違っていたら、それらが無意味になってしまいます。

まずは本当の自分を知ってください。好きではないと思うところ。恥ずかしく思うところ。それもきちんと見つめ、「それでいいのだ、今のままで十分なのだ」と受け入れてください。

自分を嫌う人は愛を受け入れづらくなります。そして、どんなに強い守護霊がついていても、本人が自分を否定している限り、守護霊も護りの力を100パーセント発揮することはできません。

すべてあなたがあなたを愛することから始まるのです。

心がガタガタのときは静かにする

嫌なことが起きたとき、落ち込んだとき、そんなときこそ、自分の内面を見つめるチャンスです。うまくいっているときというのは、物事を深く考えにくいものです。だってうまくいっているのですから、考えるよりそのまま行動してしまいたくなります。

逆に、なぜかいろいろなことがスムーズにいかない。すごく困ったり、心が折れるようなことがあったりすると、思考を巡らせます。

なぜうまくいかないのか？　何が悪いのか。運が悪いというのはこういうことか。そういう時期なのだろうか。陰でじゃまをしている人がいるのでは？　自分に足りないものはなんなのだろうか？

思い悩み考えていくうちに、ふっと氣づきが訪れます。病氣という状態も何かを氣づかせるために引き起こされるのです。

しかし、人はどうしても外に原因を求めます。親のせい、環境が悪い……。

そして、不足というジャッジも始まります。

しかし、まずそのままの自分の内面と向き合うことが大切です。ありのままの自分を見つめる。そして、そのままでいいのだと受け入れる。

シンプルなようで、難しいことです。

「もういやだ」と思っている今の状況も、すべて自分が選んでそうしていることを受け入れます。

「そんなわけない」「なんで私がそんなことをしなければならないんだ」などと思わず、「自分が選んだのだな」「自分が引き起こしているのだな」と心から納得すること。するとそこから、ありのままの自分との対話がはじまります。

「良いこと」「悪いこと」があるのではなく、自分の魂を磨くための試練が形で現われているにすぎません。

同じ事柄が起きても、捉え方で「良い」「悪い」に分かれていきます。

そして、時間の経過とともに怒りや悲しみが感謝に変わるときが必ず訪れてきます。

感謝に変わったそのとき、あなたは大きな成長を遂げているのです。

真実はいくつもあるが真理はひとつだけ

自分の内面を見つめ、語り合うと心が落ち着いてきます。自然とのつながりが深まっていきます。すると、自分のことも今起きていることも、自分が関わる人たちのことも認めることができるようになります。

認めるということは、自分は自分、相手は相手ということを、自然に受け入れられるということです。比べたり競ったりすることなく、また意見や考えが違ってもそれで良いと心から思えるということ。

むしろ「それで良い」と思えて、ジャッジをすることさえなくなるかもしれません。

真実はそれぞれの人のなかにあり、人の数だけ存在します。生きてきた道も、選んできたことも、前世も暮らす環境も違う。そういう人々が、起きた事象に対して同じように考え、受け止めるほうがおかしいのです。ありえないことです。

そこから各自が何を感じるか、どう対応するかで、それぞれにとっての世界が決まっていくのです。それは一人ひとり別々のもの。それぞれが持つ真実です。

今の世の中は「正しいこと」が評価されます。「正しい意見」であれば、たとえ人を傷つけようと、追い詰めようとぶつけていい。正しいのだから、むしろどんどん突き詰めるべきだと。

そんな風潮が人々にストレスを与え、みんなが「正しくない」という地雷を踏まないように縮こまって生きているようです。

すべての人に同じように正しいことなどはありません。起きたことは事実だとしても、それは正しい、正しくないと判断するものではないのです。感情や意見が入った時点で、純粋な事実ではなくなります。

事実を述べるというのであれば、単に何が起きたかを、感情や判断を交えず正確に伝えるのみで十分なのです。

「正しさ」は我です。

それを正しいと感じる人の我。同じ意見の人がいくら多かったとしても、ネットで同じ意見が集中したとしても、だからといって「正しい」ことにはなりません。「正しさ」は多数決で決まるものではないし、決められるのは自分にとっての正しさ。相手にとっての正しさは誰にも決められません。

こういった意見も私の我だというのなら、そうなのかもしれません。だから私は押し付けはしません。「私はこう思います」というだけです。科学的に証明できているとであれば、「このように証明しました」というだけです。それを聞いた相手がどうするのかは、その人が決めることです。

現代社会では、「正しさ」や「数の多さ」が相手を説き伏せ、ひれ伏させるための武器になってしまっているようにも感じます。相手をどうこうさせようとすることは無駄で虚しいことです。それをしている限り、どんどん自然と遠ざかり、魂を磨く「**魂活**」は成り立ちません。

何かを変えたいと思うのなら、自分が変わること。自分が変われば周囲は変わっていく。

どんなことも、受け止め方でその人にとっての真実が変わります。同じことが起きても、理解できる人も、理解できない人もいます。信じる人も、信じない人もいます。そのすべてが、自分をとりまく世界です。

しかし、真理はひとつだけ。真理とは、比べるもののない絶対的なものです。

人間が神の御霊であるということ。

自分に起きることは、すべて自分が決めて引き起こしているということ。私たちは、生きる過程で「**魂活**」をして、いつかは絶対の世界に還る。そういう真理は、誰にとっても同じもののはずです。

しかし、真理とは本来、言葉にできない本質です。なぜなら、言葉自体、受け取った人によって解釈が変わるからです。言葉にした時点で、それは真理ではなくなってしまう。

仏教では、ブッタが言葉を尽くして真理を広めたいと思いました。しかしそれが不可能であることも、ブッタにはわかっていました。言葉で真理は伝わらないということを……

だから敢えてわかりやすく表現するとしたら、ということで、ブッダの死後あれだけの経典になったわけです。絶対的な世界のものを言葉にしようとしたブッダの挑戦は勇敢でした。おかげで人々は、それをよりどころにすることができました。しかし、経典そのものを真理だと考えてしまったら、それは間違いです。やはり絶対的なものは、言葉では説明できないのです。

仏教ですら、言葉での伝授という形であるため、数ある他の宗教と同じように、宗派が生まれ、ときには宗派同士が争ったりもして真理とは離れてしまうのです。

相対の世界からの脱却

絶対の世界と相対の世界の意味、私たちが生きるこの社会が相対世界だということ。これらのことはおわかりいただけたかと思います。

「**魂活**」の最終目的が、相対の世界から脱却し、おおもとである神の世界である絶対世界に還ること。それは本質とつながることを意味することも述べました。

ただし、生きている間には絶対世界に行くことはありません。生きるということは現実社会で地に足をつけて、自分の役目を全うすることです。その過程で魂は磨かれていきます。人生では、それぞれに課題が与えられています。それをクリアしていくことで、魂は磨かれていくのです。

さて、絶対世界とつながれたかどうかですが、それは亡くなったときにわかることです。つながれているとしたならば、相対の世界、輪廻の流れからの卒業を意味しますから、新たに生まれ変わることはもうありません。

「生きている間は絶対世界に行けないのなら、そんなこと考える必要はないじゃないか」

「魂を磨く必要はあっても、絶対世界については関係ないじゃないか」

「生きているときにこそ意味があるのだから関係ないじゃないか」

そんなふうに思われるかもしれません。確かにそういう捉え方もあります。しかし、自分が何を目指しているかを知ることは、そこに向かって成長するために必要なことです。そして、私たちは地球というこの日常のなかで、相対世界のなかでこそ成長することに意味があるのです。

自分が生きる場が荒れ果てるのを放置していて、魂を磨けるわけがありません。

また、相対世界のなかでこそ絶対世界の波動を浴び、自らを高い波動にしていくことも大切です。常に絶対世界の波動を感じていることは、真理とつながりやすい状態を生み出します。そう意識していれば、つながりを深められるようになれます。

まずは、絶対世界が創造をした自然と深くふれあうことで、真理に近づきます。

仕掛けられている現代社会を見抜く

生きている限り、苦しいことや悲しいことは必ず起こります。四苦八苦という仏教用語は誰もがご存知でしょう。

四苦は生・老・病・死。生も苦しみなのです。

八苦は親しい人との別れである「愛別離苦《あいべつりく》」、恨み憎む者との関わりである「怨憎会苦《おんぞうえく》」、求めているものが得られない「求不得苦《ぐふとくく》」、心身を形成する5要素からくる「五蘊盛苦《ごうんじょうく》」のことです。

私たちの人生には、これだけの苦しみ悲しみがあるということが、お釈迦様の時代から言われ続けているのです。

同じように、うれしいことや感激することも起こります。しかし、どうしても苦しいことが人は忘れられないようです。ですから、過去生のなかで味わった苦しみがカルマとしての記憶に刷り込まれ、現世でも私たちに影響してしまいます。

たとえば私は高いところが嫌いです。おそらく過去生のどこかで高いところから落ちて亡くなったことがあるのでしょう。

単純だと思いますか？　しかしこれは、人間の身体的特徴にも表れるといわれています。たとえば首吊りで亡くなった人は、首に触られるのを嫌がったり、首が弱くてすぐに痛めたりするということです。

過去生にも良いことだってたくさんあったはずなのに、より大きな影響を与えるのはネガティブな記憶のようです。もっともポジティブなことが起きたときは、人はその理由について深く考えたりはしないので、記憶がどこかに影響していても氣づかないだけなのかもしれません。

このように、苦しみが終わらないのはカルマにも原因があります。何度も輪廻している人が、それだけ何回も死の瞬間を味わっています。苦しいこと、悲しいことが、積み重なることで数多く経験しています。

そして現代社会は、そのマイナスな感情にスイッチが入りやすい時代だといえます。

テレビやネットというものがない時代には、人々は小さなコミュニティのなかで暮らしていました。当然外の情報も入ってこなかったでしょう。

そういう環境であれば、情報は届かず、マイナス感情のスイッチが入る機会は少なく、過去生の苦しみを思い出す機会も当然少なくなります。

ところが、今はテレビやネットでありとあらゆる刺激的な映像、世界中の恐ろしいニュースなどが垂れ流されています。意識して見なくても、目に入ってしまうほどです。

自分が過去に経験した様々な状況を、写真や映像で目にする機会が多い、過去を思い出させるネガティブなスイッチだらけの社会ということです。

うつ病や自死、命にかかわるような重篤なアレルギーなどが多いのはそのためだと考えられます。

しかし、これらはメディアを使った情報操作であり、ネガティブな情報を流し続け、人々を恐怖で洗脳している仕掛け人が存在するのです。人々を恐怖によってしばることで儲かる企業、保険会社などは、起きてもいないことを想定させて、人々の危機感を煽りまくりお金を儲けています。

それに加えて、人々は幼いころから、他者の評価ばかり氣にして生きている状態です。それも、競争というシステムをちらつかせ、より良い生活を目指すようにして、購買意欲を掻き立てています。隣の人よりいい車、ブランドのバッグ、有名私立の学校に通わせるなど、自分自身と向き合うことなど吹き飛んでしまうかのように、誰かの目を通して自分を認識している状態です。そして誰かの目から見た自分にダメ出しをし続けている。

それはとてもしんどくて息苦しいことです。大げさにいえば、自分を生きていないも同然です。

他人の評価というのは、無責任でそれだけに恐ろしいものです。みんなに好かれる人氣者だとしても、それがいつ反転するかわかりません。自分が何か些細なきっかけをつくってしまうかもしれないし、そうでなくても、良い評価をされている人に対して、それを理由に批判する人間が必ずいます。誰かを批判し、貶めることが生きがいのような人間が存在する。それは悲しい現実です。

ひとたび批判の的となった人には一斉に非難が集中します。狂信的に叩き続ける人間が、顔も実体も見えないネットの世界にはいくらでもいます。そんな批判や非難に心が折れ、自分の世界が崩されてしまう人もたくさんいます。

攻撃する側は、そんなことまで考えてはいません。「そんなに悪いことにはならない」とたかをくくっているか、何も考えていない。自分の攻撃にさらされた相手が、どんなに苦しみ、どうなってしまうかということに考えはおよびません。ただ、ストレスの捌け口として、または、ちょっと氣に障ったから氣晴らしに、という理由で人に言葉の刃を向けるのです。

ＳＮＳなどを利用する限り、それを絶対に避けるというのは難しいことです。何がきっかけになるかわからないし、常にビクビクしながら暮らすのも、それ自体がネガティブなことです。ですから、暗いニュースばかり流すテレビならスイッチを切り、違和感を感じればＳＮＳなどは、やめてしまえばいいだけのことです。

自分の状態を悪くするものを見ている必要はありません。

もし、氣分が落ちているとしたら、今見ているもの、参加しているものから、そっと離れてみることです。なくても何ひとつ不自由ではないはずです。このようにして、ネガティブなスイッチを押さないことで無駄な不安感から解放されていきます。

ポジティブアンテナとネガティブアンテナ

私たちが生きている今の社会は、ネガティブになりやすくなっています。ポジティブなものを受け入れるアンテナが外れやすく、ネガティブなことに反応するアンテナが敏感になりやすい環境です。

なぜならば、社会全体が競争や、人と比べたりするように仕向けられているからです。さらに、化学物質や電磁波に囲まれ、自然はどんどん衰退させられている、そんなひどい状態だからです。

しかし、その社会に暮らすからといって、自分もそういう状態になる必要はありません。前述の通り、自分の生きる世界、自分の環境は自分でつくっていくのです。

社会全体がどうであれ、自分は自分の好きな世界で生きればいい。
ただしネガティブなアンテナが働く人は、ネガティブなエネルギーに共鳴します。ポジティブなアンテナに敏感な人は、ポジティブなエネルギーに共鳴します。

私たちが生まれるときには、誰にもご先祖様の守護霊がついています。守護霊様たちですから、その人を守ってくれる存在。その人のポジティブアンテナを働かせる存在です。

必ずついているはずなのに、なぜネガティブなエネルギーと共振共鳴してしまうのか？　それは守護霊様と共鳴できていないからです。共振共鳴できない、つまりつながりがもてていない状態では、守護霊様は長く留まれません。

逆に、悪いものが憑いていたとしても、その人が守護霊様と共振共鳴していれば、悪いものはその人の元に留まれず去っていきます。どんなに運が悪いといわれても、敵が多かったとしても、自分がその次元にいなければ火の粉は降りかからない。自分には関係ないものにできるのです。

自己嫌悪や自己批判をしていたり、化学物質に囲まれていたり、自然とつながりをもたない生活をしていたりすると、守護霊様とつながりにくくなります。ポジティブアンテナが働かなくなり、ネガティブなエネルギーに囲まれる状態に陥ります。ストレスが多くなり、トラウマが生まれ、ますますネガティブになっていくという悪循環に陥ります。

当然のことだと思いませんか？　エネルギーの共振共鳴は、このようにいたってシンプルです。

言霊療法については後で述べますが、ネガティブアンテナを外すためのアプローチは様々です。それだけネガティブアンテナが活発な人が多くネガティブなエネルギーと同調しやすい社会だということなのです。

日常的にポジティブアンテナを敏感にしておく方法は、やはり、自分を認めて受け入れる。自分を褒める。薬や化学物質、電磁波をできるだけ避ける。自然の中に身を置く。プラスの言葉を口に出すということです。

それらは、すべて「**魂活**」につながります。

幸せも不幸もすべては幻想

四苦八苦。

それ自体を苦しみと捉えるかどうかで自分の世界が変わります。

病氣になると苦しく、辛く感じます。しかし、病氣自体が悪いことでしょうか？時には休めという合図だったり、何かが違っていますよ、というシグナルかもしれません。

人には必ず、良いときと悪いときがあります。そして、自分史上最高の自分と、自分史上最悪の自分の振り幅は同じです。

すごく良いことがある人は、すごく悪いことも起きる。それほど振り幅がなく、わりと平穏な日々の人には、極端に悪いことも起きません。

どんな運が良い人でも、良いことだけが大きく、多く起きているわけではありません。必ず同じ振り幅で良くないことも起きています。しかし、それをどう捉えるかが、運が良い、悪いということなのです。

自分に起きている良いことにフォーカスするか、悪いことにフォーカスするのか。良いことにはあまり反応が薄く、悪いことには「なんで自分ばかりこんな目に遭うんだろう。自分は不幸のもとに生まれついている」と思う人がいます。人はフォーカスしていることが現実化しますから、悪いことばかりにフォーカスするのであれば、望み通り不幸へと突き進み、その通りの人生になります。

物事を良く捉える人は、病氣になっても悪いこととは捉えません。大変なこと、辛いことはあっても「生活習慣を変えることの必要性に氣づかせてくれたんだ」などと前向きに捉えることができます。

がんになっても「健康の大切さに氣づくことができた」とより良い生活にシフトするきっかけにする人もいれば、風邪をひいても「自分は弱い体質に生まれついて損をしている」といって被害者意識のなかで生きている人もいます。

「そんなことを言っても、実際に病氣になってばかりいる人は運が悪いじゃないか。きっと無理していて空元氣《からげん》に違いない」「本当にあの人はかわいそうな人だ」そんな声が聞こえてきそうですが……。

そんなふうに周りから思われていたとしても、本人が「運が良い。幸せだ」と思っているならば、その人にとって不幸は存在しません。その人の世界は、すべてその人がつくっているのですから。

つまり、誰にとっても絶対的に幸せなこと、不幸なこと、そういうものはないということです。そこにあるのは実際に起きている事実であり、それを幸せか不幸と感じるのか、感謝するのか恨むのか、はたまた何でもないこととして、意識もせずに過ごすのか、それはすべて本人次第です。

もちろん、大切な人が亡くなれば悲しいのは当然です。喪失感を抱えるでしょう。しかし、その事実を受け入れて認めることで、自分の人生の一部として糧にしていくことができます。

同じことでも、受け入れられずに悲しみから抜け出せなかったり、自暴自棄になってしまう人もいます。

悲しみや苦しみを「乗り越える」という言い方がありますが、実際は「受け入れる」ことです。受け入れることで、外から見れば結果的に乗り越えたという表現になるのかもしれません。

「深い悲しみを乗り越えた強い人」という言い方も、実際は「ありのままを受け入れる素直な人」ということになります。乗り越えるという苦行のような覚悟は必要ありません。単に受け入れて、「これでいいんだ」と認めることです。

幸せも不幸もすべては幻想にすぎません。受け入れてしまえば何も変わらないのです。

悩みから解放される唯一の方法

絶対の世界には、悩みなんてありません。

なぜならば、そこにあることだけがすべてだからです。比べるものが存在しない世界です。逆に言えば、比べることで悩みが生じるということです。

現代でも、アフリカの奥地などで小さなコミュニティで原始的な生活を送っている人々は、不眠症やうつ病になったり、自殺をしたりすることはほとんどありません。人々が互いに協力し合い、競ったり比べない、認め合う関係のなかで生きているからです。

本章の最後に、私の好きな映画を紹介します。『カンタ・ティモール』という東ティモール独立運動のことを描いた映画です。

東ティモールを訪れた日本女性が、そこでひとつの歌と出会い、強烈な印象を受けます。日本に帰国してもその歌が忘れられず、再び東ティモールを訪れて歌い手の青年や村の人々と交流し、その歌の背景を知っていく、その過程を描いたドキュメンタリー映画です。

ここでは、映画の内容自体をくわしく書く余裕はありませんが、素晴らしい作品なので、ぜひ多くの人に観ていただきたいと思います。

インドネシアの支配から脱しようとする東ティモールでは、独立運動のなかで多くの人が命を落としました。それでも人々は自分らしい暮らしを守るため、勇氣と誇りを失わずに戦い続けます。その戦い方が素晴らしいのです。

彼らは愛をもって戦うのです。敵軍の兵士を傷つけるのではなく、愛に包んで大切なものを思い出してもらおうとする。自分たちが傷つけられても、仲間を殺されても、敵の兵士の一人ひとりが悪いのではない。彼らもまた犠牲者だというスタンスで、捕虜を受け入れ、尊重し大切にします。

やがてインドネシア軍の兵士たちは、東ティモールの人々と戦うことを嫌がるようになります。敵であるはずの東ティモールの人々を傷つけたくない、人々の文化や思想を尊重したいというように、兵士一人ひとりの意識が変わっていきます。

そこに描かれる東ティモールの人々の生き方も素晴らしい。

現代社会のものさしで相対的に見るとすれば、彼らは原始的な生活をする発展途上地域の人たちといえるでしょう。小さなコミュニティで、物質的には豊かなようには見えません。使う言葉も多くありません。しかしその内面は、非常に満たされています。

コミュニティがひとつの家族。ですから、言葉はそれほど必要ありません。人やものを細かく区別する必要がないからです。自分の心や行動を、いちいち説明する必要がないからです。

年上の女性はみんな「お母さん」村の人はみんな「仲間」そこの人々に惚れ込み、映画までつくってしまった日本人女性の心に刻まれた歌が語るのは、自然への讃歌であり感謝です。その歌詞では「大地は知っている」「戦争をしたら大地が怒る」「人は空の星と同じ」という言葉が語られます。

東ティモールの苦難の歴史を考えれば、どんなに辛いことが多かったか。仲間が何人も命を落とし、いつどんな危険に晒されるかわからない日々に、どれほどインドネシア軍を恨んだことかと思いますが、彼らはそうではありません。

敵も味方もなく、人類はひとつの兄弟であり、みんなが大地の子どもだと。そこで争うことは大地を怒らせ悲しませること。だから争いはしてはいけないと歌い継ぎます。

彼らは生きるために戦いを余儀なくされましたが、戦い方は自分たちで選びました。そして、自分たちの信じる道、言い換えればありのままで勝利しました。

苦しみも悲しみもあったはずですが、自分たちを不幸だとは思っていないはずです。

そういえばこんな歌詞もありました。

「悲しい。いつでも悲しみは消えない。でもそれは怒りじゃないんだ」

彼らと私たちの暮らす環境は、あまりにも違います。それでも本質は同じです。

悩みや苦しみから解放される方法。

それは逃げたり無視したり戦ったりするのではなく、受け入れて認めること。

そして人と比較することなく、ありのままの自分と対話しながら生きること。

愛と調和を求め続けていくこと。

それだけです。

自分に起きている良いことにフォーカスするか、
悪いことにフォーカスするのか
乗り越えるなんていう、苦行のような覚悟は必要ありません
単に受け入れて「これでいいんだ」と認めることです
幸せも不幸もすべて幻想にすぎません
受け入れてしまえば何も変わらないのです

4章

これから私たちがするべきこと

魂を高めるには修行や苦行は必要ない

私たちの生まれてきた意味は、魂を磨くこと……。

この地で生きていくことは魂を磨くことである。自分を最大限に活かし生まれてきた課題をやり遂げる。

「**魂活**」について話をすると、よく「どんな修行をしなければなりませんか」「魂を磨くとなれば、かなりの苦行が必要なのでしょう」などと言われます。

それはまったくの誤解です。魂を高めて次の生で高い次元に進むためには、あえて修行や苦行といったものは必要ないのです。

日常こそがいうなれば魂を磨く修行の場であり、自己を高めるところなのです。

たとえば「滝打ちの行」というものがあります。私はそれ自体は良いことだと思います。自然のなかに入り、自然と深くつながることができますから。

しかし、冷たい水に打たれて（辛い目にあって）身を清めるとか、強い水の勢いに耐える（我慢する）ことによって無になれるとか、そういうことに意味はないと考えています。

仏教や、その他いろいろな宗教の世界には修行という考え方があり、それは多分に苦行の意味合いを含んでいます。煩悩を取り払い、身を清めることで神に近づけるという考え方が多いような氣がします。

神をひとつの絶対的なエネルギー体として捉えるとすれば、煩悩うんぬんや身を清めるという精神的なことが直接作用するというのは、疑問です。もちろん、煩悩を払うことが、自分の内面を見つめることであり、身を清めるのが、ありのままの自分でいるというような意味なのであれば、それは私の考えるところと共通してきます。

しかし、これも言葉で語られると解釈がいろいろになります。特に宗教的な言葉というのは、人々にいろいろな解釈を与えているような氣がします。私は宗教も精神的な話も否定はしませんが、そのすべてがエネルギーであると考えています。

そして、「**魂活**」をして魂を高めるということも、いろいろな解釈ができる言葉です。精神的に捉える人も多いでしょう。しかし、魂を高めるということも、またエネルギーのあり方の問題です。

「**魂活**」とはエネルギーの使い方のトレーニングのようなもの。ですから、良い行いをしたらから高まるとか、苦行をしたから上にいけるとか、そういうポイント制のようなものではないはずです。

良いことと悪いことではなく、誰かに何かをするのでもなく、宗教のように達観するとか、どこまで何かしたら達成できるかということでもない。神や仏を信じて敬い、律して生きれば良いことがあるというような相対的な考えでもありません。

魂磨きは永遠に続きます。輪廻を卒業して絶対的な世界に還るまで続くものです。ですから修行や苦行であったら大変ですよね。

「**魂活**」自体が生き方だといえるのかもしれません。

それが、決意して取り入れる修行などと違うところです。

生きていく上で、**ありのままの自分でいること。そして絶対世界の波動を持った**

自然界と関わりながら生き、自分の与えられた今生の課題を達成する、それで良いのです。

波動の強い人と波動の高い人は違う

「魂活」は波動を高めること。それでは波動の高い人というのはどんな人でしょうか。

波動というのは魂のレベルとも言い換えることができますが、たとえば、世界中の人々に愛されるエンターティナー、大国を導く首相や大統領、誰もが知る大企業の経営者、オリンピックで活躍するような力のあるアスリート、そういう人たちのことでしょうか？　それともマザーテレサやガンジーのような他者のために尽くす人のことでしょうか？

そもそも、誰がどのような波動をもつのかは、どうやってわかるのでしょうか。

それを測るのがレヨメータです。レヨメータを使えば、その人の写真からでも、各人がもつ波動を測ることができます。

結論から言えば、有名だとか指導力があるかどうか、お金があるかどうかなどは、波動の高さとは関係がありません。お金儲けばかりしている人の波動が低く、人に尽くす人の波動が高いというのも違います。

波動の高さとは今生の状態が良いから良い、悪いから悪い、というようには一概に決められないものです。

ただ、いくつかの共通項もあります。

たとえば自死をした人の魂は低いレベルにいる。これは間違いありません。過去生で自死をした人は、低い波動から魂の磨きを繰り返し、レベルを上げていく必要があります。

川端康成や太宰治はレヨメータの数値では、レベル1や2の位置にいます。両者とも後世に読み継がれる優れた作品をたくさん残しましたが、その生涯を自死で終えています。

また、現代社会で活躍している著名人にも波動に関する共通項があります。それは、高さではなく強さです。

この社会では、波動の強い人間が活躍する傾向があります。波動が強いというのは、我が強いことでもあります。そのため、人の上に立つような人や、多くの人に愛され応援される人、力のある政治家や資産家などは、強い波動をもっていることが多いのです。

つまり、波動の高さと強さは別なものなのです。そして、どちらが上でどちらが下ということではありません。魂を磨いて波動を上げることは私たちの使命ですが、だからといって現時点の波動が高いか低いかで、人の優劣が決まることはありません。

今、私たちのもつ魂のレベルは、過去生で培ってきたものです。もって生まれたレベルを、さらに高めていくこと、それが使命なのであり、レベルが高いこと自体に価値や上下があるわけではありません。

ただし、波動が高い人というのは、過去生で魂を磨いてきた人、それは間違いありません。そういう人が社会のリーダーになっていけば、社会全体が良い方向に行くはずです。

　ところが、今の物質社会において、波動の高い人というのはあまり表に出てきません。波動は高くても、強弱においては弱い人も多いのです。波動が高いということは、自然に近いところにいるということです。自然の力自体が人間によって奪われている今、波動の高い人たちは深い山のなかや、文明を離れた小さなコミュニティにひっそりと暮らす傾向があります。

　表舞台で活躍する波動の強い人は、高い低いで言えば、波動の低い人が多くなりがちです。すると我の強い人、相対的な意識を強く働かせて生きている人が社会を率いることになります。そのために、どんどん物質主義に社会が傾いてしまうということも言えます。

　もちろん、波動が強くて低いことが悪いわけではありませんが、権力がそういう人に偏るのはよくありません。いろいろな人がいていい。上下も優劣もない、バランスが大切です。

　自然と共に暮らしていた文明以前の社会は、波動の低い人は、生き残ることができなかったのではないかと考えられます。自然淘汰されていた。そのため、波動が高く強い人が、自然を尊重しながら社会を築いていった。

しかし、科学技術が進み文明が築かれ、自然と離れても暮らしていけるようになると、波動が低い人でも生きていけるようになります。そうして、科学技術が進化し、物質主義が進んで人類が自然から離れていくに従い、波動が低く強い人が天下を取る時代になっていきます。

今の社会は、バランスを取り戻す必要があるのではないでしょうか。波動が高くて強い人も国政に参加してほしいし、自分からは声高に主張しにくい波動が低く弱い人の声を、拾う仕組みもほしい。そういうことです。

声の大きい人が勝つ世の中は終わる

波動が強い人は我が強い。社会のなかで声が大きい人ということになります。現代社会はそういう人に有利な時代です。

しかし、世の中のそういう仕組みは、少しずつ変わっていくはずです。この地球では、どんなものでも極端にバランスを崩したままではいられないからです。

もしかしたら、それが最近の甚大な自然災害やコロナウィルスの蔓延なのかもしれません。地球が自浄作用を始めているのではないかと考える人が少なくありません。

今のままでは、この社会が、この星がおかしくなってしまう。それを避けるために、氣づいていなくても、意識していなくても、誰もが「**魂活**」しなければならない状態に向かっているのかもしれません。

多くの人が魂を磨き、魂のレベルを上げていけば、我の強い人の思い通りになる世界は変わります。人々の全体思想、共通思想が変わっていくからです。自分だけが一方的に得をしようとする人が減り、全体のメリットを考える人が増えていくと、自分からは主張しない人たちのことも考慮し、自然を尊重して社会を運営していく。そういうふうになっていくはずです。

そのためには、一人ひとりが魂を磨き、自然に親しんで、本来の自分を受け入れ、人と比べることなく、競うことなく自己肯定感に包まれて生きることが重要なのです。

人の意識で地球が変わる

地球が3次元の世界であることは前述したとおりです。この宇宙には別次元の世界も存在しますが、しかし、それでも地球は絶対的な世界につながっています。だからこそ、神の分身である人間は地球に降ろされました。そして地球に暮らす私たちの意識によって、地球の状態も変わっていきます。

我の強い者が勝つ物質主義に偏った社会なのか、愛と調和に包まれ、自然と共に生きていく星なのか。それを選ぶのは、私たち一人ひとりの意識です。

置かれた状況でありのままを受け入れて生きていくことは大切です。しかし受け入れるというのは、そのままでいいから何もしないということではありません。受け入れたうえで、より良いところを目指す。それが「**魂活**」です。

先進国の都会に生まれた人も、発展途上といわれる場所の山深いコミュニティに生まれた人も、どちらが良くて、どちらが悪いということではありません。そのなかで、その自分でより本質に近いものを追求していく。その意識が共同意識となることで、地球のあり方、地球の未来も変わっていくのです。

地球というこの星も、私たち一人ひとりの意識が方向を決めているのです。権力があるなしに関係なく誰にも知られていなくとも、一人ひとりがもつ意識は、この社会に作用しています。そんなこと意識していなくても、地球に影響なんて与えたくないと思ったとしても、この星に生まれて生きている限り否応なく影響しているのです。

魂を高めるのに修行も苦行も必要ないと述べました。それは、生まれた場所で生きていくこと、それ自体が修行であり、社会に影響することだからです。

「それなら地球をこんなふうに変えてやろう」なんて思う必要はありません。そんなふうに思えば我が強くなり、魂のレベルは高まりません。

より自然に近く、より自分自身を肯定できるように日々を過ごしてみましょう。何かに迷ったとき、どちらが心地良いか、どちらが自然のままかを基準に選ぶというだけで、いろいろなことが変わっていくはずです。

5Gの社会の中で身に付けるべきこと

次世代通信機器において、5Gの技術が台頭しようとしています。社会がスピード化する方向にシフトしていくのは避けられません。

そうなってしまえば、地球はよりありのままの姿と離れていってしまいます。自然がどんどん壊され、力を弱めてしまいます。自然の力が弱まるということは、地球自体の生命力が弱まること。地球に暮らす人類だって無事でいられるわけがありません。

だからといって「5Gを許すな」「排除しろ」と言ってもムダなことでしょう。

すでに実用化されている技術をなかったことにはできません。また、それはそれで、ありのままの姿ではなくなります。

5Gがあるのは仕方ない、使いたい人がいるならそれを止めることはできません。しかし、自分自身ができるだけ避けることはできます。

5Gの害はすでにいろいろ指摘されているため、それを防ぐための技術も開発されています。

そういったものでできる自衛をする。そしてむやみやたらに怖れない。怖れの氣持ちはストレスになり、波動を弱めたり魂のレベルを低いほうに向かわせたりします。

また5Gであるなしにかかわらず、寝る場所の近くに携帯電話などの電磁波を発するものを置かない。寝るときには主電源から切っておく。これだけでもだいぶ違うはずです。

特別なことをしなくても、わけのわからない不自然なものから身を守る方法はあります。そして、一番はできるだけ自然のなかに身を置くこと。

調子が悪いなとか、氣持ちがすぐれないときは、自然のなかへ。都会住まいで近くに自然の環境のない方は、近くの神社や公園など木や土のある場所で裸足になって土の上に立ち、深呼吸をすることをお勧めします。日常のなかでどうしても溜まってしまう悪いもの、不自然なものを浄化してくれます。

目に見えない敵はこれからも生まれる

支配欲には終わりがありません。現代社会は、そういう意識で構成された社会になってしまっています。

たとえばユダヤの人々に対する迫害。黒人の人々に対する差別。身近なものでは、どこにでもあるいじめや虐待、誹謗中傷。

それらは地球上の文明が発達したあらゆる場所で歴史的に行われてきたことであり、誰もが悪いことだと頭ではわかっているのに、決してなくなることがありません。

科学技術が発達し、知識も知恵も良識もあるはずの文明人の社会で、なぜそれらの悪行がはびこるのか。

それこそが、人間のなかにある支配欲に終わりがないということの表れではないでしょうか。

支配欲の象徴が5Gなのかもしれません。不自然で、害があることも報告されている。一般的な人々が無理をして身近に使用しなくてもいいものだということも薄々感じている。しかし、支配する側の人々にとっては、5Gのほうが便利だから、その流れを止めることができないということです。

それは、5Gに限らず、目に見えるもの、見えないものに関わりなく、不自然なもの、支配層にとって便利なものは次から次へと生まれ、私たちの周囲に投入されるでしょう。

自分の支配欲、私腹を肥やすためには、人々に与える害、地球に与える害を考えない。それが支配者という層の真実です。人々のことを考えて社会を導くのであれば、それは支配者ではなくリーダーです。

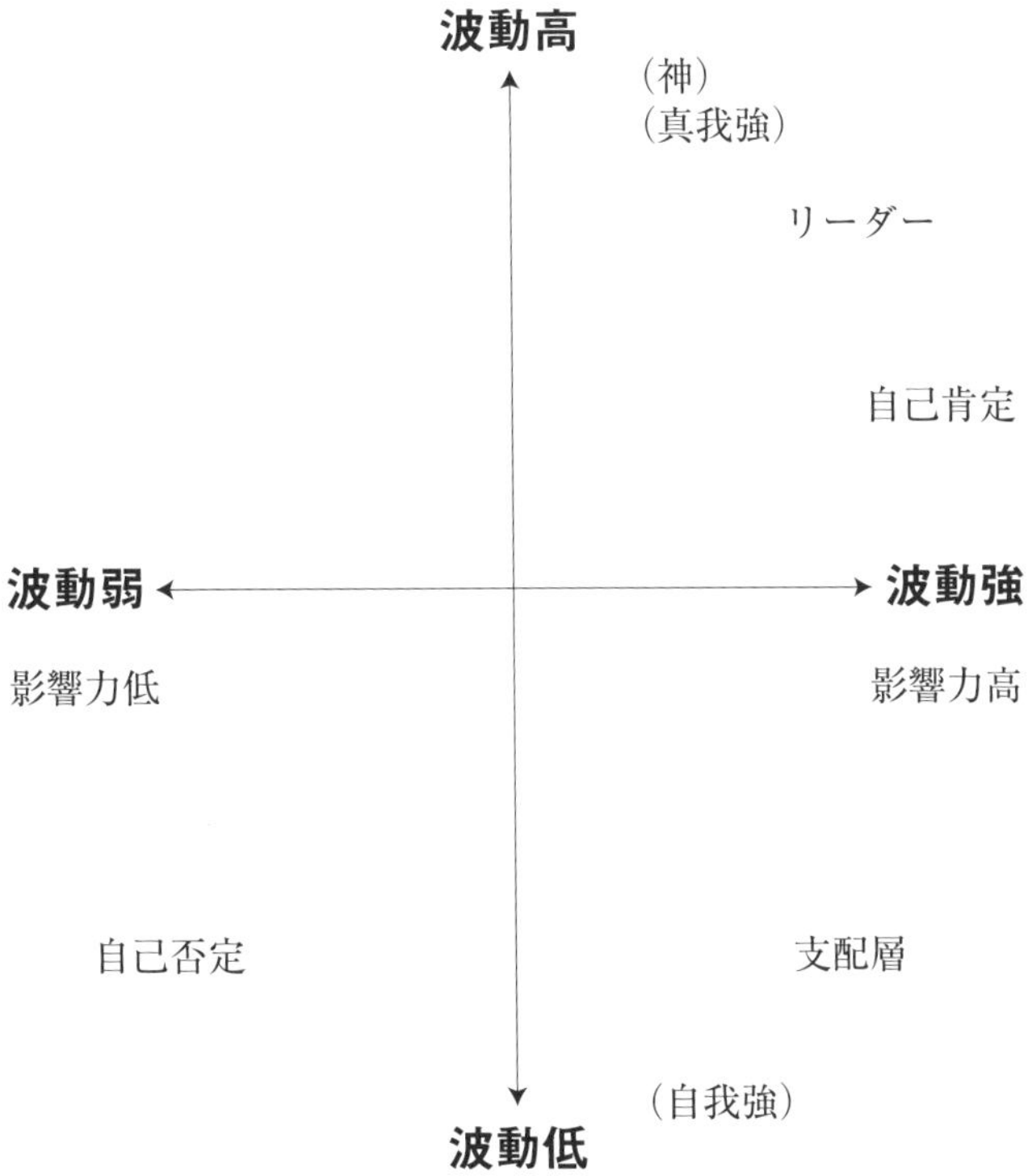
波動高
（神）
（真我強）
リーダー
自己肯定
波動弱
波動強
影響力低
影響力高
自己否定
支配層
（自我強）
波動低

今の地球は、支配者にとって都合の良い状態になってしまっています。物質主義が進み自然が破壊されていく。人々はストレスにまみれ、他者と比べ合い、競い合って、自分が得をするため、自分を守るためなら他者を攻撃することも厭わない。

そういった傾向が強まるにつれ、人類にとっては氣づかぬうちに波動を弱めることになり、一部の支配層だけが自分の都合の良い方向にもっていきやすい星になってしまいます。

この流れを止めるためには、まず氣づくこと。そして自分自身の魂を高めるよう強めること。シンプルですが、それしかありません。

日常こそがいうなれば修行の場であり、高めるところなのです　自己をより自然に近く、より自分自身を肯定できるように日々を過ごしてみましょう

何かに迷ったとき、どちらが心地いいかどちらが自然のままかを基準に選ぶというだけで、いろいろなことが変わっていくはずです

5章

あなたの振動数を上げて幸せになる

本当のことを知ることからはじまる

自然の力が弱まると、食材の力も弱まることを3章の冒頭、不食の話で述べました。

私たち人間は、自分が食べたものでできています。当然、食べものに氣をつけるということは大切なことです。

そこで「有機栽培の野菜を取り寄せて食べています」という人も増えているようです。それが悪いということではありませんが、実は有機野菜というのは本物ではないというのが私の考えです。

これは有機野菜はダメだということではなく、有機野菜だから大丈夫というわけではないということです。

有機野菜の謳い文句としてよく「虫が食べる野菜」だということが言われます。野にいる虫が食べるのだから自然で安心だと。ミミズがいる良い土壌で育てられた野菜という表記もよく目にします。

しかし、本当に自然栽培された野菜は、実は虫に食われません。そして、ミミズは土が良くなったら次の場所にいきます。ふかふかに完成した土には、ミミズはいなくなるのです。

本物の自然栽培の野菜の土壌は、土があたたかくふかふかしています。だからすでにミミズはいません。

そして改良を加えていない種で育てた野菜には、そのままでも虫がほとんどつかないのだそうです。本当の自然であれば、虫に食われているばかりの植物は生き残れません。宇宙のエネルギーに共鳴するものは自然なので、害虫や雑菌を寄せ付けない。真に生命力がある植物は虫にやられないということです。

ミミズがたくさんいる土で、虫たちに食われながら育った野菜が本物というのは違うということがおわかりいただけたでしょうか。もちろん、農薬をバンバン使い、化学肥料まみれの土で育てた野菜よりはずっと良いはずですが、自然の原理に従うものは、腐らずに枯れていきます。

腐るのというのは本来であれば、土に戻るということです。あってはいけないものを一刻も早く土という自然のなかに還らせるために、雑菌が群がり、腐敗菌が繁殖して腐敗が進みます。

自然と調和したものは、いつまでもそこにあっていいものです。ですから、腐って溶けるように土に還るのではなく、役割を終えた後は形を留めたままゆっくりと枯れていきます。水分が抜けて色が変わっていきますが、菌は繁殖しません。害虫もつきません。日本で古くから行われていた即身成仏の原理と同じです。今でも日本各地の寺などに即身仏は残っています。

自然食などを推奨する人々のなかには「腐らない食品は危ない」という意見が多く見られます。それについても「保存料がいっぱいの食品は危ない」というのならわかります。

「腐らない食品は保存料がいっぱいで危険」つまり「腐る食品のほうが安全」ということになれば、それは必ずしも正しいとは言えません。

原材料やどうやって作られたかに加えて、どのように保存されているかで「腐る」「腐らない」は変わってきます。腐るか腐らないかだけで、その食品が安全かどうかを判断することはできません。

しかも「本当に宇宙とつながっているものは腐らない」という真実を知らずに、つまり物事の一面しか知らずに、それですべてを知った氣になって「これは危ない」「これが安全だからこちらを選ぶように」という間違った判断をすることによっては、それがリスクになることもおわかりいただけるかと思います。このように、一般的に言われていることのなかには、間違いだったり、一部だけを取り上げていいようにイメージ操作されていることがたくさんあります。

事実を知ったうえで有機栽培の野菜を選ぶというのであれば問題ありません。それは、その人の判断であり、その判断を他者がジャッジする必要はないのですから。

しかし、真実を知らないまま、知ろうとしないまま、それが良いことだと信じて行動するのは賢明とは言えません。自分が「知らない」「わかっていない」ということをわかっていないこと、その無意識や潜在思考が一番危ないことなのだと思います。

現代はスマホを操作するだけで、いろいろなことが調べられる時代です。小さな画面に出てきた答えを見て、何かをわかったつもりになったり、判断基準にしたりする。それはもはや普通のことになっています。

自分に関係ないことでも、誰かが「間違いだ」「許せない」と書き込んでいるものを読んで同調する。「いいね」などのクリックひとつで、「シェアする」の一瞬で、誰かを傷つけることに加担することになる。

そういう社会に生きていることを自覚し、これだけ情報があふれていることで試されているということを、意識しながら物事を判断していきたいと思います。

すべてのことを理解するなんていうことは、誰にとっても不可能です。しかし、わかっていないことを自覚するだけでも全然違います。そして自分自身の頭と心でわかろうとすること。それが、何かを判断しなければいけないときには、特に大切なことです。

まずは心を穏やかにしていくことから

ここまでで、私たちが生まれてきた意味、「魂活」や本質に近づくということ、エネルギーとは等々、絶対世界と相対世界のことなど、お伝えしてきました。

私の療法院には心身の様々な不調に悩む人が訪れます。人間関係の相談もたくさんあります。ストレスや人間関係の不調に悩む人は増加傾向にあると感じています。

そういう人々のほとんどは、他者と自分という目で世界を見ています。自分自身の目で世界を見られるようになれば、多くの問題は解決します。

そうなれば心も穏やかになるわけですが、反対に、心を穏やかにすることで問題を解決に導いていくというアプローチもあります。

悩みや問題があれば心を穏やかにできないかというと、そうではありません。解決するかどうかはひとまず置いておいて、とりあえず氣にしないようにする。その環境からいったん離れるのもいいでしょう。解決に向けてすることであれば、問題から逃げることにはなりません。

　そして自分が落ち着ける別の環境をつくり、自然と触れ合う。すると、心はなんとなく穏やかになっていくはずです。

「愛しています」「いただきます」を朝晩口に出したり、自分がしたいこと、願いを宣言して、そのために努力したりするのもいいでしょう。するべきことを思い描いているとき、人はなかなかひとところで思い悩んでいられないものです。


　私自身、ずっと若い頃、いろいろなことがなんだかうまくいかないという時期がありました。心のなかのもやもやが募り、突発的に東海道を歩くことにしました。特に何か目的があったわけでも、そうすれば良いと考えたわけでもありません。どこまで行こうとも決めていませんでした。

　ただ黙々と1日中歩き続け、ふと標識を見たらもうすぐ小田原だという。約70キロの距離です。するとせっかくだから小田原まで行こうということで、体は疲れていましたが、氣持ちは張り切ってきました。そして、その頃には、自分が思い悩んでいたことなんて忘れていました。

なんとなく達成感があり、わけもなく楽しい氣持ちにもなりましたが、それで悩んでいた理由がなくなったわけでも、悩みが解決したわけでもありません。しかし、私はそのことについてはもう悩まなくなりました。起きていることはそのままでも、それについてもう考えなくなった。それは、自分にとって関係ないことになっていったからなのです。

何かに真摯に向き合う。体を動かして心を空っぽにする。方法は何でもいいのですが、一度悩みを手放して関係ないことに打ち込むと、心が穏やかになります。それだけで勝手に解決することは少なくないはずです。

高い波動を浴びて内側を豊かにして現実を変えていく

高い波動のなかにいると、悩みや苦しみは寄せ付けなくなります。正確には、悩みや苦しみは変わらず訪れますが、それに捉われて思い悩んでばかりいるということがなくなります。解決すべきことについて、悩むのではなく前向きに解決できるようになります。

私たちが出会うことにはムダはなく、思い悩むことそのものは、悪いことではありません。しかし、陥らなくていい苦しみにもがくことなく、「**魂活**」に集中するほうがいいのではないでしょうか。

高い波動を浴びることで心身はいきいきと健やかになり、他者のことが氣にならなくなります。自身を受け入れ、心の内をじっくり見つめられるようになります。それは内面から豊かになることです。

金銭的にいくら豊かになっても、内面が満たされていなければ幸福感は得られないでしょう。魂を磨くことも難しい。内面が人をつくり、それが現れたのが本当の外見です。どんなに着飾ってごまかしても、内面がついてきていない外見は、人の心には響きません。

そして、このコロナ禍で家にいることも増え、人々がそのことに氣づきはじめているのです。これまで成功者と言われた人たちが、大変な思いをするようになり、外側だけでの成功ということが許されなくなっているのです。個人個人が目覚めはじめ、外側の幸福という既成概念から、個人の中にある力を見直すようになっています。

今、神社めぐりやスピリチュアルスポットが人氣なのも、人々がそのことに氣づきはじめたからなのでしょう。そういった場所は高い波動に満たされています。高い波動を浴びて内面から穏やかになりたい、落ち着きたいという人が増えているのだと思います。

繰り返しになりますが、大自然のなかに身を置くことは、高い波動を浴びる方法として最適なものです。大自然でありスピリチュアルな場所として知られる屋久島などは、確かに素晴らしい波動に満ちています。

そういう場所が人に知られて人氣になること自体、人々が潜在的に本物の癒しを必要としている証です。そして真に癒しのある場所に行けば、波動は目に見えなくても、本能的に感じ取れるということです。

これだけ自然から離れた生活をしていても、その能力を完全に失ってしまいはしない。それだけ大切なことだからなのです。

「癒される」「心地良い」感覚に素直に従って、できるだけそういう場所に出かけていきたいものです。

そうしているうちに、あなたを取り巻く現実が変わっていきます。変えようとしなくても、不思議なくらいに好転していきます。

もう私の言いたいことはおわかりでしょう。「何かをとにかく試してみてください」ということです。自分の現実を変えるのは、誰かに言われたことではなく、自分自身の行動や思考あるのみです。

あなたが変わることで周りが輝く

あなたを取り巻く世界はあなたがつくるもの。あなたと関わる人々も、あなたの環境の一部ですから、あなたが変われば相手も変わっていきます。

逆に言えば、あなたも私も誰かの世界の一員でもあるということ。相手が変われば自分も、その相手との関係性も変わります。氣づくときもあれば、氣づかぬままというときもありますが、私たちは、常に周囲と関わりながら、影響を与え合い、受け合いながら生きているということです。

当たり前のことだと思うかもしれませんが、意識してみればこれはすごいことです。誰かが良い方向に変われば、関わる人々も良い方向に変わっていく。それによって、今度は相手がもっと良い方向にいけば、自分も一緒に上がっていく。その相乗効果は大きなものです。

一人では成し得ないことも、関わる人たちが影響し合えば実現は難しくありません。

ただし、良い影響を与えてあげよう。互いに影響し合おうと意識してすることは波動を下げてしまいます。なぜなら、それは我が先に立つからです。ましてや、人を変えようなんて思ってはいけません。どんな局面でも、あくまでも自分軸で考え動くこと。これがすべての基本です。

逆に、周囲の悪い波動に影響されてしまえば、悪循環が待っています。どちらを選ぶかは自分次第です。

何が起ころうとすべて自己責任。それは心に留めておきましょう。

人が変わると地球の波動も変わる共振共鳴

良いことも悪いことも相乗効果を巻き起こすわけですが、人の意識で地球が変わるのも事実です。

人々の意識で変わっていきますから、波動が上がる、または下がってしまうこともあります。

そんなだいそれたことと思うかもしれませんが、けっして、大げさなことではありません。なぜなら、あなたの環境は、地球も含めてあなたがつくりあげているものだからです。

チューリップの球根を植えたらチューリップの花が咲きます。コスモスの種をまいたらコスモスの花が咲きます。同じ花壇だったとしても、様子は一変します。あたりまえのことです。

それでもなぜか自分のことや地球のこととなると、チューリップを植えたはずなのに、誰かが後からコスモスの種をまいたせいでコスモスが咲いてしまった。チューリップの球根を植えたが、コスモスの花が咲いてほしい。そういった理不尽なことを言ったり、願ったりする人がいます。

意識が低く、マイナスな言葉ばかりを言っている人が、幸福の花が咲かないと嘆いているということです。

その人ごとにどんな世界になるのか、それは波動の共振共鳴が決めます。自分の考え方、使う言葉、思い方で人生はがらりと変わります。そして、どんな人と関わっていくのか、自分と相手との波長の関係がどうか。誰とどう共鳴するのか。一緒になったときに、どんなことが起きるのか。それによって、関わる人々の世界は変わっていきます。

文句ばかり言っている人の友人はやはり同じように悪口が好きだったりします。

共鳴するのです。前向きでポジティブな人と、不幸自慢や陰口が好きな人とでは、交流が成り立ちません。ですから、今一度自分の周りの人々を見渡してみてください。あなたと同様の波動を持つ人が集まっているはずです。

しかし、嫌な共振が起きたとしても、それは氣づきを与えてくれているのです。嫌な相手は、自分の内側の嫌なところ、自分が正したいと思っているところを見せてくれているのかもしれません。まったく関わり合いがなければ、嫌だとも思わないはずですから。

ですから、あなたから良い共振共鳴を起こしていけばいいのです。意識を上げればあなたの周りも波動が上がっていき、良い影響を与えていきます。小さなさざ波もやがて大きなうねりとなるように、私たち個々人がそれぞれ、高い波動になっていることを意識していくことで、確実に地球の波動が上がっていきます。

あなたの変化には大きな意義があるのです。

氣がつくための試練

コロナ禍も、次々に起きる天災も、それ自体は良いことでも悪いことでもないのです。人間にとって悪い作用を及ぼしているために、悪いことといわれているだけのこと。見方を変えれば、まったく違うように受け止めることができます。

地球は今、一生懸命に自浄作用を働かせているのかもしれません。人間の極端な活動によって溜まってしまった膿を出して、少しでも本質に近いクリーンな状態に戻ろうとしているのかもしれません。

天災の被害に遭った人、病氣で困っている人、障害をもってうまれた人や貧困、いじめや虐待に苦しむ人、紛争地帯に生を受けて命からがら暮らしている人など、現代社会には、本人には罪のない苦しみに遭遇している人たちがたくさんいます。

しかし、天災をはじめ、今のコロナ禍にしても、すべてはめぐりめぐる事象のなかにある、避けて通れない道なのだと私は考えています。

過去のカルマが原因だったり、何かを氣づかせるためだったりして起きるそれらの事象に、どう向き合うかが、自分を取り巻く世界を、未来を変えていきます。また、行き過ぎた場合、戻すために、そしてそこから別の進化を遂げるべくいろいろなことが起きているのです。

よくカルマであれば何をしても、どう生きても、結局は同じではないか。そういう人がいますが、それは違います。今現在のあり方のすべてが、今世はもちろん、特に輪廻後のあなたの世界に大きな影響を及ぼします。

それは自分自身の子孫に関わることであり、地球の未来にも関わることです。さらに言えばどこの国に生まれるかということも、自分で選んできているのです。

何もかも、実はすべてが自己責任なのです。あなたがあなたとしてここに生まれてきたこと、生い立ちでさえも。天にも昇るような幸福も、すべてが嫌になってしまうような不幸も、その生涯のすべてがそうなのです。ですから、起きることすべてにおいて自分の責任であり、変えていくことも自分の選択で可能なわけです。

同じ場所でとどまっているうちに、地球に溜まってしまった膿のように、あなたの人生にも取り去るべきことができてきているのです。それを教えてくれているのが、嫌な出来事なのでしょう。すべては自己責任、ですから進化して新しい自分を作っていくことも可能なのです。巡り巡る事象も自分の力で塗り替えて生きていくことで、あなたの未来は輝くものとなります。せっかく起きてくれた試練に感謝をして……。

氣がつくための試練としてすべては起きているだけなのです。

これからを生き抜くためにするべきこと

本書も終わりに近づいてまいりました。私がお伝えしたいことが充分伝わったかはわかりません。なぜなら、私の言葉を受け取るのは読んでくださった方々であり、どう受け取るのかはみなさんの自由だからです。受け取ってどうするのかも含めて、私はすべてを委ねるしかありません。それは、生きていくなか、すべてのことに対して同じです。

私が伝えたいことはシンプルです。

波動を高めていく。

そのためには自然界と共振共鳴をしていく。その本質だけあれば良いと思っています。だからシンプルになるのです。

しかし、いろいろな場面で同じことでも、いつ、どのように受け取るかによって、感じ方や伝わり方はまったく変わります。


今の日本では、大多数の人は生きていくこと自体に、非常な苦労をすることはないでしょう。日々、戦火の中で命の危険にさらされているということはありません。しかし、コロナ禍で職を追われたり、倒産、閉店を余儀なくされて毎日食うや食わずで、明日をも知れないという方には、本当に一日も早く良い状況になることを願います。

流れが変わった今、シフトチェンジを余儀なくされる場面に立たされる方も相当数いらっしゃることだと思います。そして、それらによって世の中を見る目が変わっていくと思います。同じ流れのなかでは生きていかれないようになっているのではないでしょうか？

しかし、今、大丈夫という方も別のタイミングで変化を余儀なくされるかもしれません。なぜなら、地球は進化していくからです。人々の波動が低くなれば一旦リセットのために、変革が行われます。

ですから、今あなたが、命が危ぶまれるほど衣食住に困っているわけではないとしても、ちゃんと氣づいていてほしいのです。

なぜならば、そういう生活のなかでは、逆に自分自身のことが見えにくくなりがちです。自分の内面を見なくなります。自分の波動がどう作用しているかを氣にしなくなっています。

ですから、意識して自分を見つめ、自分の内面と語り合ってほしと思います。

自分は、何のために生まれてきたのか。今の生き方は自分が望んでいるものか。すべての結果は自分が選んでいるということを自覚しているか？　受け入れているか？

飛び交う電磁波に晒されて、自然に触れる機会をもたず、時間が流れていくままに過ごし、即物的にほしいと思ったものを手に入れては、次のものがほしくなる。他人を批判したり、愚痴をいったり、テレビやインターネットから垂れ流される情報を追いかけている。

自分自身のことを知っている人は、そういう生活は送りません。なじめないから、そんなふうにできないのです。

自然界に分け入って癒しや氣づきを受け取る。人の良いところを見て、氣分の良い人間関係の中で過ごす。嫌なことは手放しているから不平不満を言う必要もない。テレビやインターネットから押し付けられる情報を鵜呑みにせず、自分の目で見て、頭で考えたことを判断の拠り所にする。いつでも真理を追い求めていたい。

そういう人は、自分の世界をより良いものにするための事象に出会います。一般的には運が良いと言われる状態です。

そして、それは、その人が引き起こしているのです。実際は、誰もが同じように、生きていれば良いことにも悪いことにも遭遇する。しかし、起きていることのなかの、どの事象と関わるか。どんなふうに関わるかは、一人ひとりが決めること。

自分を良くしていくことを選んで関わっていけば、もっと良いことが引き起こされます。同じだけ一般的には良くないということも起きているわけですが、関わらなければ関係ないこと。または、良くないことと思わずに、教訓にしたり、前向きに味わったりする。

そうしていれば、身の回りに起きることは、「良い」「悪い」ではなく、すべて出会う意味があるものになります。

そのすべてに対し「愛しています」「いただきます」の精神で生きていけるとしたら、どんな世界があなたを待っているでしょうか。

「引き起こし」で好きな世界をつくる

「引き寄せ」に関する書籍などの情報は、すでにたくさん存在します。それだけ人々に必要とされていることの表れです。

本やいわゆるマニュアルのようなものが必要とされるのは、現状でできている人が少ないということ。自分のものになっていないから、どうしたら実践できるかを、みんなが知りたがっているということです。

「引き寄せ」も、さらに自発的な「引き起こし」についても、難しいことではありません。誰もがすぐにはじめられることです。

ただし、いくつかの準備やコツはあります。自然に触れる。寝るときには携帯電話やコンピュータ、テレビから離れ、電磁波を出す製品は主電源からオフにしておく。

「愛しています」「いただきます」を繰り返し口に出す、そういうことです。そして、意を宣言して、それに向けて努め、その努めている自分を誉めることが「意宣り（いのり）」です。

引き起こしに必要なのは、それだけです。

そこで、今日からでもはじめていただきたい、願い実現の具体的な方法をお伝えします。誰にでも「こうなったらいいな」ということはあるでしょう。それが本当にそうなっていく方法です。

良い結果がでた！　と、多くの方々から喜びの声をいただいています。

簡単な方法ですが、まずは実践しなければ何も変わりません。

「そんなことで願いが実現したら苦労はしない」といって実践しなければ、当然何も変わらないわけですが、では、そういう人はどのような方法で願いを叶えようとしているのでしょうか。

「どうせ無理だ」とあきらめるのか「〇〇がないから」と外側に要因をおいて愚痴を言うのか「叶ったらいいな」と他力本願で流していくのか。

もし、これまでの人生がそういったものだったとしたら、それを変えることは簡単です。願ったことが次々と実現する、良いことを引き寄せる。さらには引き起こす。それは難しいことではないのです。

まず、神社や自然のなかに足を運び、「自分はこうなる」という誓いを言葉にして宣言します。意を宣る。意宣り……祈りです。

ここで大事なのは「自分自身のなりたい姿」を宣言すること。

たとえば今、会社で嫌な上司からパワハラを受けているとしたら「○○さんが自分のことをパワハラしなくなるように」ではなく、パワハラされない自分になる、ということです。そしてもっといいのは「いじめられない」ではなく「毎日楽しく過ごす自分になる」ということです。

なりたいと思う自分自身の姿を、ポジティブな言葉で宣言するのです。「パワハラを寄せ付けない強い自分になり、毎日会社で活躍している自分になります」と宣言するのです。

有名な神社だからより効果的だということはないので、わざわざ遠くまで出かける必要はありません。家の近くの神社で構いません。もちろん、特に好きな神社があるとか、せっかくなら一般的に知られる神社で宣言したいというのであれば、それもいいでしょう。あなたが自分自身にする宣言です。自分が一番良いと思う形でしてみてください。

ただ、自然のなかに身を置く場合は、山や森のなかに入っていくことがお勧めです。人工物に囲まれた自然、人工的に整えられた自然は、自然のもつ癒しのパワーを十分発揮できないことがあるからです。

宣言をしたら、あとは自分なりに実現のための努力をします。無理をしたり悩んだりする必要はありません。実現するにはどうしたらいいかを自分で考え、できる努力をしていく。そして、その努めているその自分を、毎日必ず誉めていくことがポイントです。

意を宣言したわけですから、神様に届いているはずです。強力な味方がついたと、自信を回復して、パワハラの例ですと、大きな声であいさつをしてイキイキと過ごす努力をしてみる。

ある日その上司が異動することになるかもしれませんし、あなたに大きなチャンスが来るかもしれません。

実にシンプルで誰にでもできる行動で、平均的には1カ月程度で、宣言したようになっている。そんな大いなる力が、私たちの周りにはあたりまえに宿っているのです。

これが引き起こしの力です。実践してみればすぐわかる、誰にでもできることです。こうして一つひとつ願いを叶えていけば、やがて自分らしく、思い通りの人生で生きていくことができます。

それを世界中の人々が叶えたとき、地球は愛と調和に輝く、絶対的な世界とより強固に結びついた星になるでしょう。

そこで生きる人々は、今生をまっとうし、輪廻を繰り返すことなく本質である絶対的な世界に還っていくことになるでしょう。

言葉で「引き起こし」を作る

人は、今ある状況に左右されてしまいます。しかし、状況ではなく言霊に着目することで良い運を運び込めます。

例えば「口癖の法則」などと言われていますが、結局これらも波動で説明できるのです。

たとえば、小さい頃から親に「あなたは駄目な子ね」と言われ続けた子どもは、「自分は駄目な子なんだ」というネガティブな言葉の波動に共振共鳴することによってダメな現実を引き寄せてしまいます。すると人生が不幸で貧乏な状況になりがちです。親の言霊が、子どもの脳内に入り込み、その言霊が現実を共振共鳴させてそういう現実を作り続けます。

子どもに受け継がれてきたものを、今までの科学では、遺伝などいろいろな方法で説明をしてきましたが、新たに共振共鳴という現象から、「言霊から現実が共振共鳴する」という原理が着目されています。

今まで、幸福だ不幸だと現象をみて喜んでみたり、嘆いてみたりしていましたが、それは全く意味がないことなのです。使う言葉、投げかけられてきた言霊の結果なのです。ですから、現れている現象をいじっても意味がなく、原因である言霊の方に着目してそこを直せさえすれば状況が変化するという、非常に簡単な原理となります。

ですから、例えば親が駄目な子とずっと言っていたのであれば、それが原因ですから対処法は簡単です。「駄目な自分をいただきます」ということを繰り返し繰り返し毎日毎日自分で唱えるのです。続けていくとネガティブな波動がポジティブな波動に変わっていくので、氣にならなくなったり前向きになったりします。

避けたり、否定するのではなく、受け入れていくことが、ポジティブな波動に変換させるコツなのです。

愛の波動がつくる世界

特別な勉強をしたり、大変な修行をしたりするのではなく、ごく一般的な普通の生活を送っている方々が、あたりまえのように自分の世界を変える。そんな実例を、少しだけ挙げておきましょう。

私の療法院に、障害をもつ人の施設に勤めている方が訪れました。施設で接する人々のために、みんなが少しでも楽になるように波動を見てほしいということでした。

持ってきていただいた施設利用者さんたちの写真を、私が独自に開発した十三仏の曼荼羅カードで診断します。そして、みなさんの波動が良くなるよう働きかけました。

十三仏曼荼羅と、それに関するカードについては、後ほどくわしく解説します。療法に加え、相談者さん本人にも、愛の波動が生み出されるよう「愛していますす」「いただきます」を唱えてもらいます。

後日、多動症で座っていられなかった人が、落ち着いて座って作業できるようになった。誰彼かまわず突発的に暴力を振るっていた人が、すっかり穏やかになった。そんなうれしい報告をいただきました。

なかには、上の階の人が騒がしいのでなんとかしてほしいという相談などもあります。波動を調節するためには本人の写真が必要ですが、ないと言います。仕方ないので、相談者さんの波動を調節することにしました。すると「先生、うるさくなくなりました」との報告が。

なぜ相談者さんの写真で上の階の人が変わるのか。それは上の階の人が変わったのではなく、相談者さんの氣持ちが変わったということです。魂の段階が上がったので、上の階の音が氣にならなくなったというわけです。

しばらくすると不思議なことに、物理的にも本当に上の階の人が騒がなくなったというのです。「不思議なことに」といったのは相談者さんであって、私にとっては不思議でもなんでもない。むしろ当たり前のこととして予想できることでした。

まずは相談者さん、つまり悩んでいる本人が変わる。その時点で起こっていることは変わらなくても、相談者さんの悩みは消え、悩まなくなります。やがて実際に、悩みのもとも消えていく。そこまでは通常の過程です。相談者さんは、自分が変わることで自分の世界を、周囲を含めて変えたのです。

相手を責めるのではなく、すべては自分の問題だと、自己責任の精神で受け入れる。その時点で、その人の世界は愛の波動になります。誰かを愛するという愛だけでなく、すべてを受け入れるという愛を含めた意識です。

相談者さんのために、私は波動を測定し整えるお手伝いをしてから、どのようにしたら良いのかアドバイスをします。

しかし、私が相談者さんを変えているわけではありません。それは本人にしかできないことです。相談者さんには必ず「愛しています」「いただきます」と唱えることを勧めています。

それだけが唯一の方法ではありませんが、アドバイスを素直に実践する人は、それだけ変化が早いことは間違いありません。素直に受け止め、認めて努めることを実行しているからです。

悩みから解放されると、皆さん表情も変わります。笑顔になり、言葉がポジティブに変わり、周りにも元氣を与えるような感じです。そういう変化が外に表れるほどに、内面が変わっているということ。ネガティブな波動から、ポジティブな愛の波動に変わったということです。

一度それを経験すれば、みなさん、もっともっと高みを目指そうとします。無理をしたり、意識したりしてそうするのではなく、心地良い毎日のなかで、自然に魂を磨き続けるのです。すでに受け入れ体制ができ、認め方がわかっていますから、言葉も考え方もポジティブな方向に向かっています。好循環のなかにいるのです。

すでに「**魂活**」が始まっています。

この世界に生きる一人でも多くの人々が、そういう波動、そういう意識のなかにいられるように、それによって地球の環境や未来が、より良い方向に向かうようにと願っています。

そのために、私もありのままに、自然に、自分がなすべきことを続けていきます。

日常的に心がけたいこと

第一章で、私たちは神様の御霊を分けてもらい、神様として存在していることを書きました。自分という漢字で表されているように、神自らから分けていただいた神そのものである魂をいただいています。

神社にあるご神体を見ればわかるように、ご神体の鏡は祈る人に向いています。鏡に向かって手を掌わせる自分の姿を拝んでいます。

すなわち自分そのものが神なのです。

その「かがみ」から、我「が」をとった存在が神＝自分そのものなのです。

ですから日常的に、「我神なり」「我愛なり」「我光なり」と口に出すことによって、自分自身への肯定感が高まり、絶対の神とつながっていき、魂が磨かれていきます。

それが、「**魂活**」の基本です。

絶対の神は分け隔てなく、どんな人にも愛と光を注いでくれています。誰かに特別にメッセージを送ることはありません。

相対の世界では言葉では様々なメッセージを伝えようとしますが、実は鏡に自分の姿が映るように、私たちの思い描き、出す言葉が現実化しているにすぎません。

神社にお参りに行き、「病氣が治りますように」「豊かになりますように」「仕事がうまくいきますように」とお願い事をすることは、そのまま鏡に反射して自分に返ってきます。

「病氣です」「貧しいです」「仕事がうまくいっていません」という現実が続くだけなのです。

神の分霊である私たちは神そのものです。

神社にお参りに行った際は、「いつも豊かに暮らしています。何もかも恵まれています。健康です。ありがとうございます」と感謝の言葉を伝えるだけで十分なのです。

病に苦しみ貧困にあえぎ、仕事のストレス、家庭内の悩みを「ありがとうございます」とは、なかなか言えないかもしれませんが、これこそが魂を磨く第一歩なのです。

「幸せだなぁ、豊かだなぁ、恵まれているなぁ」と口に出していると、心も体も細胞も血液もそして環境も変化していきます。

さらに笑顔で動作をつけてみるのも効果的です。なれてきたらよりリアルに現実的に自分は豊かだ、健康だ、幸せだと態度で示すことによって、脳も現実を引き起こせる働きをするようになります。

神であることを忘れている私たちが神であることを自覚していくには、「我神なり」「我愛なり」「我光なり」と日常的に口に出して見ましょう。つまらない雑念や、嫌な考えが浮かんだとき、心の中で唱えるのもよいでしょう。絶対の神とつながり、魂を磨く**「魂活」**をしていきましょう。

前述のとおり、この美しい地球は魂を磨く最適な場所なのです。過去生、経験、想念は一人ひとり違うので、現実化するのには時間の長短がありますが、「そうだ！やってみよう！」と素直に受け止めていくと邪念が入らず、物事はスムースに運ぶでしょう。

絶対の神とつながり、相対の世界から早く卒業しようではありませんか。

十三段階の曼荼羅の世界で救われる

本書の締めくくりに十三仏と、それに基づいて私が突き止めた運命変換装置、十三仏曼荼羅について記します。

十三仏曼荼羅とは、私が波動の研究をしていたときにみつけ出した、愛の波動の発生源です。十三仏の写真から出る波動をレヨメータで測ったところ、ドイツ波動医学における愛の波動と同じ周波数が出ていることがわかりました。

医学と目に見えない世界の科学的なつながりを求め、研究を続けていくうちに、十三の仏様のそれぞれ異なる波動は段階的に並んでいること。その段階を踏んでいくと、それは天に達する波動になることを突き止めることができました。

つまり、十三仏に共振共鳴させることで、自分自身の波動を高められるということです。もちろん、十三仏以外にも、波動を高めてくれるものはあります。また、仏教的な考えで仏様に祈れといっているわけではありません。

いろいろと研究する中で、共鳴して波動を上げていくのに適しているということがわかったために十三仏の曼荼羅を活用したのです。それは十三仏が、極めて粒度の細かいクリアな波動をもっているからです。

そもそも十三仏とはどういったものか。

十三仏は霊界を司る仏様であり、先祖供養の仏様でもあります。

日本の多くの家庭は、仏教の考えに則って法要を行っているでしょう。初七日や一周忌、三回忌などです。三回忌までの法要が特に大切といわれるのは、そこが極楽浄土だからです。そこまでは特にしっかり法要をして、亡くなった人に極楽に行ってもらおうということなのです。

私たちにとって死ぬということは魂と肉体が分離するということです。今の体での魂の磨き、つまり「**魂活**」を終え、来世の肉体でまた、絶対の世界を目指して魂を磨くのか、または魂活動を卒業して絶対の世界に還るのか。

絶対の世界に還るのであればともかく、次なる肉体に宿るためには、一度成仏しなければなりません。成仏には13のステップがあり、それぞれのポイントに仏様がいます。それが十三仏です。

たとえば初七日には不動明王が、百か日には観世音菩薩が、十三回忌には大日如来がいます。そうやってステップを登っていく。つまり、十三仏に沿って魂の浄化・磨きが行われるともいえます。13の仏のステップは巻末資料を参照ください。

その十三仏の絵が十三仏曼荼羅になります。

特別な修行などなく、誰もが仏様に共振共鳴できるために、これらの曼荼羅を活用する方法を編み出しました。

お医者様になるためには特別な勉強をして、知識や技術を身につけなくてはなりません。しかし、お医者様にかかるためには特別な資格は必要ありません。同じように、誰もが心身の健康を取り戻し、維持するための魂の共振共鳴に、修行や苦行、特別な資格、人によっての出来不出来などがあってほしくありません。

誰もが自宅で十三仏と共振共鳴するための装置、それが『十三仏曼荼羅開運ピュア・ブレッシングカード』です。

前述の通り、これはいわば「運命変換装置」ともいうべきものです。自分の波動を変えて、自分の生きる世界、生きるステージを変えるためのものです。

手軽に利用できるようにカードの形態をとっていますので、占いのためのカードや、メッセージをもらうためのカードをイメージされることが多いのですが、それらとはまったく違うものです。

このカードを使うことで、誰もが自分の波動を上げていくことができます。様々な問題や不調は自然と解消していき、他者と比べることのない、自分自身の幸福な人生が拓けていきます。

『十三仏曼荼羅開運ピュア・ブレッシングカード』については、前著『自分を変える自分で変える8日間で変わる』（電子書籍）で詳しく紹介していますし、実際に使っていただく際には、カードに説明書が同封されていますので、誰もがすぐに使い始めることができます。

「誰にでもできる」「手軽に波動を高められる」ということの根拠として、使い方の流れだけ簡単に説明します。

自分の、または良くしたい人物（ひきこもりの子ども、病氣の配偶者など）の写真を用意します。亡くなった人の成仏にも使えますので、その場合は、亡くなった方の写真を用意します。

1段階目の不動明王のカードに写真を重ね「愛しています」「いただきます」と1分間唱え続けます。1分経ったら、次に2段階目の釈迦如来のカードに写真を重ねて同じことをします。これを13段階目の虚空蔵菩薩まで繰り返します。

「愛しています」は波動の高い言葉「いただきます」は受け入れる言葉です。仏様の曼荼羅カードに写真を重ね、段階的に祈りを捧げる。これを8日間繰り返すことで状況が変わります。

それは波動が変わるからです。

カードの使い方はこれだけですが、日常の心がけとして、いつでも自分自身を褒めるようにしてください。自分を信じ、受け入れる。このままの自分でいい、頑張っているね、と褒めてあげる。

誰でもできる、手軽にできるという意味をわかっていただけたでしょうか。

波動というものは一般的に、特別なものだと思われがちです。なかには怪しいイメージをもつ人もいるでしょう。

しかし、本書のとおり波動は科学的に証明され、医学にも活用されている事象です。しかも、すべてのものに固有の波動はある、つまり当たり前のものなのです。どこにでも当たり前にある波動のなかから良いものに共鳴するだけで、人生は劇的に良くなります。

これが人生を思い通りにするコツであり、まったく難しいことではありません。明日から、いえ、今日から、自分の人生を自分の手で、素晴らしいものにしていってください。

十三仏について

死後の世界において、生前に身につけたネガティブエネルギーを浄化しながら虚空の世界に上がっていきます。すべてのネガティブエネルギーを浄化し終わると、生前にまとったポジティブエネルギーだけが残ります。

そうなると、そのエネルギー自体がただひとつ、絶対のものになります。すべての事象に陰陽があると考えられるこの世の原理から離れ、絶対の世界、ワンネスと呼ばれる空（くう）の世界、神なる世界となります。

その状態になれるまで続けられる魂の向上、「**魂活**」とは、ポジティブ意識になることであり、私たちがエゴを捨て利己ではなく、利他の精神に共鳴するためのものです。

自然と共存し、自然の懐に抱かれることで宇宙（神）とのつながりを強めていく。

そのために十三仏様のお姿を借りて、魂を向上させたい人の写真と曼荼羅カードを重ね合わせることで共振共鳴していきます。
ぜひとも、あなたの人生を最高の状態になるように共振共鳴の原理を活用していって下さい。

ここで、十三仏のステージ（仏様の位や立場に上下があるのではなく、どのステージを守っているかという意味）を説明させていただきます。

・不動明王（第1段階・初七日／ふどうみょうおう）
　迷いを断ち切り、悪障を焼き尽くし、心願成就へと向かわせる

・釈迦如来（第2段階・二十七日目／しゃかにょらい）
　道理を示し、不安を除く

・文殊菩薩（第3段階・三十七日目／もんじゅぼさつ）
いのちを生かす知恵を授ける「智の菩薩」
・普賢菩薩（第4段階・四十七日目／ふげんぼさつ）
いのちを生かす活動を助ける「行の菩薩」
・地蔵菩薩（第5段階・五十七日目／じぞうぼさつ）
ぬくもりの菩薩。特に子どもを守る
・弥勒菩薩（第6段階・六十七日目／みろくぼさつ）
心を落ち着かせ、正しい判断を助ける「定の菩薩」
・薬師如来（第7段階・七十七日目／やくしにょらい）
心身の健康を守る

・観世音菩薩（第8段階・百か日／かんぜおんぼさつ）
やさしさを授け、慈悲の活動を助ける「慈悲の菩薩」

・勢至菩薩（第9段階・一周忌／せいしぼさつ）
仏の知恵を授ける

・阿弥陀如来（第10段階・三回忌／あみだにょらい）
安らかな世界（浄土）を示し、安らかな暮らしを導く

・阿閦如来（第11段階・七回忌／あしゅくにょらい）
迷いに打ち勝つ強い心を授ける

・大日如来（第12段階・十三回忌／だいにちにょらい）
宇宙の根本教主として、一切の衆生を見守る
・虚空蔵菩薩（第13段階・三十三回忌／こくうぞうぼさつ）
大空の心を授け、理想の姿を示す

創造主なる絶対の神（大本）につながるように魂を磨くことが「魂活」です
魂を磨くと、波動が高くなり「意宣り」をすると波動が強くなります最後に波動を使った利用法を皆さんにお教えしましょう。

簡単に波動環境を変える方法があったらいいなぁと思いませんか。

ちょっとした材料でほとんどお金もかからず一度行えば放っておいても大丈夫。

しかし、効果は抜群です。その方法を、私の魂友である、元空間エネルギー研究家であり、現在、超能力研究家の岩崎士郎氏が教えてくれました。


私は自宅で、士郎氏と付き合い始めてから伝授してもらったことを色々と試し効果を実感しています。


その中のひとつを紹介します。それは、音響効果を高める為にスピーカーに元素記号を書き込みました。Ａｕ（金の元素記号）やＮｉ（ニッケル）、Ｔｉ（チタン）を書き込むことによって金属特性の音に変わります。

今回、これを応用して、「愛」「調和」などの文字を書き込みました。

セロテープや、和紙、アルミテープなどに消えないペンで書いて次のようなものに貼りました。
例えば、スピーカー、テレビ、ラジオ、パソコンなどの音を出すもの。
蛍光灯、非常灯など光を発するもの。
扇風機やエアコン、室外機など風を出すもの。
水道の蛇口、シャワーヘッドなどの水が通るところ。
「愛と調和」と書き込むことによって、その文字が、自然界と同じような波動にか

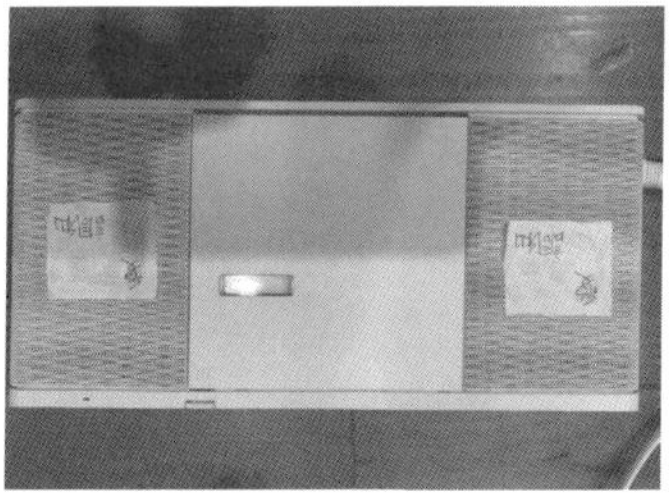

わります。

この波動を浴びることで知らず知らずに氣持ちが変化していくことでしょう。

遊び心でお試し下さい。

超能力研究家「岩崎士郎氏」考案の波動グッズも各種あります。

波動具販売サイト『心音～ここね』

http://kokone.koriana.jp/www/

空間エネルギ普及協会

http://www.sesa-uso800.com/

【魂活療法】

大本に繋がることで来世生まれ変わらない魂にします。また、大本と繋がることで能力（治癒力・直感力・判断力・自己肯定力など）を取り戻す事が出来ます。

身体レベルアップ療法30日間＋願望実現＋魂の磨き（解脱の導き）

お申し込みは魂クリニック外氣功療法院まで

『魂クリ放送局』

魂クリニック外氣功療法院のYouTube番組です。「魂活」や「波動」についてお話ししていきます。どうぞご覧下さい。

「魂クリ放送局」で検索

観世音菩薩	勢至菩薩	阿弥陀如来	阿閦如来	大日如来	虚空蔵菩薩
横山大観 (89歳) 1958.2.26	**吉川英治** (70歳) 1962.9.7	**豊田喜一郎** (57歳) 1951.3.27		**白井松次郎** (73歳) 1951.1.23	**花菱アチャコ** (77歳) 1974.7.25
白鳥由栄 (71歳) 1979.2.24		**持田盛二** (89歳) 1974.2.9		**林家三平** **(初代)** (54歳) 1980.9.20	**水谷八重子** (74歳) 1979.10.1
牧野邦夫 (60歳) 1985.11.30		**御手洗毅** (83歳) 1984.10.12		**加藤唐九郎** (88歳) 1985.12.24	
中原中也 (30歳)	**小林一三** (84歳) 1957.1.25		**牛島辰熊** (81歳) 1985.5.26	**吉本せい** (60歳) 1950.3.14	**トニー谷** (69歳) 1987.7.16
長谷川一夫 (76歳) 1984.4.6	**江戸川乱歩** (70歳) 1965.7.28		**古賀忠道** (82歳) 1986.4.25	**中村天風** (92歳) 1968.12.1	
白洲次郎 (83歳) 1985.11.28	**北大路魯山人** (76歳) 1959.12.21		**杉原千畝** (86歳) 1986.7.31	**竹鶴政考** (85歳) 1979.8.29	
岡田有希子 (20歳) 1986.4.8	**斎村五郎** (81歳) 1969.3.13			**宮本常一** (73歳) 1981.1.30	

〈資料　著名人のステージ〉

不動明王	釈迦如来	文殊菩薩	普賢菩薩	地蔵菩薩	弥勒菩薩	薬師如来
太宰治 （38歳） 1948.6.13	小津安二郎 （） 1963.12.12	北原白秋 （57歳） 1942.11.25	山田耕筰 （79歳） 1965.12.29	岡本かの子 （55歳） 1939.2.18	萩原朔太郎 （55歳） 1942.5.11	御木本幸吉 （96歳） 1954.9.21
中山博道 （86歳） 1958.12.14	沢田教一 （34歳） 1970.10.28	沢村栄治 （27歳） 1944.12.2	榎本健一 （65歳） 1970.1.7	円谷幸吉 （27歳） 1968.1.9	北村西望 （102歳） 1987.3.4	天津乙女 （74歳） 1980.5.30
大場政夫 （32歳） 1973.1.25	川端康成 （72歳） 1972.4.16	渋沢敬三 （） 1936.10.25	天野貞祐 （95歳） 1980.3.6	菊田一夫 （65歳） 1973.4.4		
岡　真史 （12歳） 1975.7.17	濱田庄司 （83歳） 1978.1.5	円谷英二 （68歳） 1970.1.25	江利チエミ （45歳） 1982.2.13	嵐勘寿郎 （76歳） 1980.10.21		
山田かまち （17歳） 1977.8.10	田宮二郎 （43歳） 1978.12.28	金田一京助 （89歳） 1971.11.14	片岡千恵蔵 （80歳） 1983.3.31			
平櫛田中 （107歳） 1979.12.30	朝永振一郎 （73歳） 1979.7.8	八木秀次 （89歳） 1976.1.19				
野上弥生子 （99歳） 1985.3.30	横溝正史 （79歳9） 1981.12.28	武者小路実篤 （90歳） 1976.4.9				
		榊原　仟 （68歳） 1979.9.28				
		堀越二郎 （78歳） 1982.1.11				
		沖　雅也 （31歳） 1983.6.28				
鈴木大拙 （95歳） 1966.7.12	谷崎潤一郎 （79歳） 1965.7.30		吉田　茂 （89歳） 1967.10.20	古賀政男 （73歳） 1978.7.25	野口雨情 （62歳） 1945.1.27	野村万蔵 （6世） （79歳） 1978.5.6
力道山 （39歳） 1963.12.15	双葉山 （56歳） 1968.12.16		堤康次郎 （） 1964.4.26		東條英機 （64歳） 1948.12.23	水原　茂 （73歳） 1982.3.26
赤木圭一郎 （21歳） 1961.2.21	池田菊苗 （71歳） 1936,5.3		松永安左衛門 （95歳） 19716.16		林芙美子 （47歳） 1951.6.28	土方　巽 （57歳） 1986.1.21
志賀直哉 （88歳） 1971.10.21			寺山修司 （47歳） 1983.5.4		坂東妻三郎 （51歳） 1953.7.7	

観世音菩薩	勢至菩薩	阿弥陀如来	阿閦如来	大日如来	虚空蔵菩薩
				井口基成 （75 歳） 1983.9.29	
				中西悟堂 （89 歳） 1984.12.11	
				たこ八郎 （44 歳） 1985.7.24	
湯川秀樹 （74 歳） 1981.9.8	高村光太郎 （73 歳） 1956.4.	三原　脩 （72 歳） 1984.2.6			牧野富太郎 （94 歳） 1957.1.18
夏目雅子 （27 歳） 1985.9.11		鶴田浩二 （62 歳） 1987.6.16			山下　清 （49 歳） 1971.7.12
					大西良慶 （107 歳） 1983.2.15
三島由紀夫 （45 歳） 1970.11.25					
				向田邦子 （51 歳） 1981.8.22	松村松年 （88 歳） 1960.11.7
					植村直己 （43 歳） 1984.2.13
					森田　勝 （42 歳） 1980.2.24

丸ゴシック＝虚空蔵菩薩⑬大本の方

不動明王	釈迦如来	文殊菩薩	普賢菩薩	地蔵菩薩	弥勒菩薩	薬師如来
今東　光 （79歳） 1977.9.19			石原裕次郎 （52歳） 1987.7.17			
引田天引 （45歳） 1979.12.31						
出光佐三 （95歳） 1981.3.7						
村野藤吾 （93歳） 1984.11.25						
市川房江 （87歳） 1981.1.30		**西條八十** （78歳） 1970.8.12			**本多光太郎** （83歳） 1954.2.12	
		サトウ ハチロー （70歳） 1973.11.13				
		石坂洋次郎 （86歳） 1986.10.7				
						猫田勝敏 （39歳） 1983.9.4
						坂本　九 （43歳） 1985.8.12

2019年3月現在　　明朝＝虚空蔵菩薩⑨大本の方、ゴシック＝虚空蔵菩薩⑩又は⑪大本の方、

神人合一の強化をすることが「魂活」である

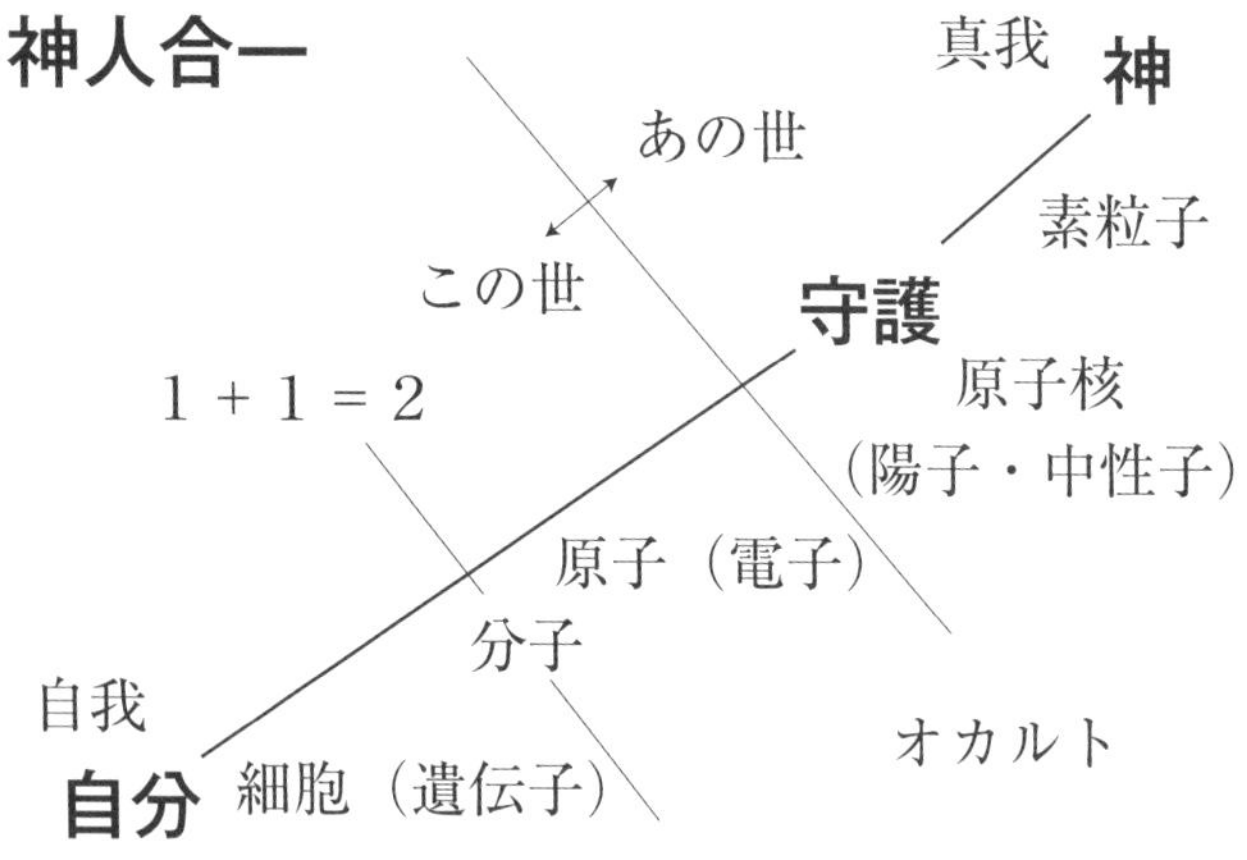

血球の状態と病気の関係

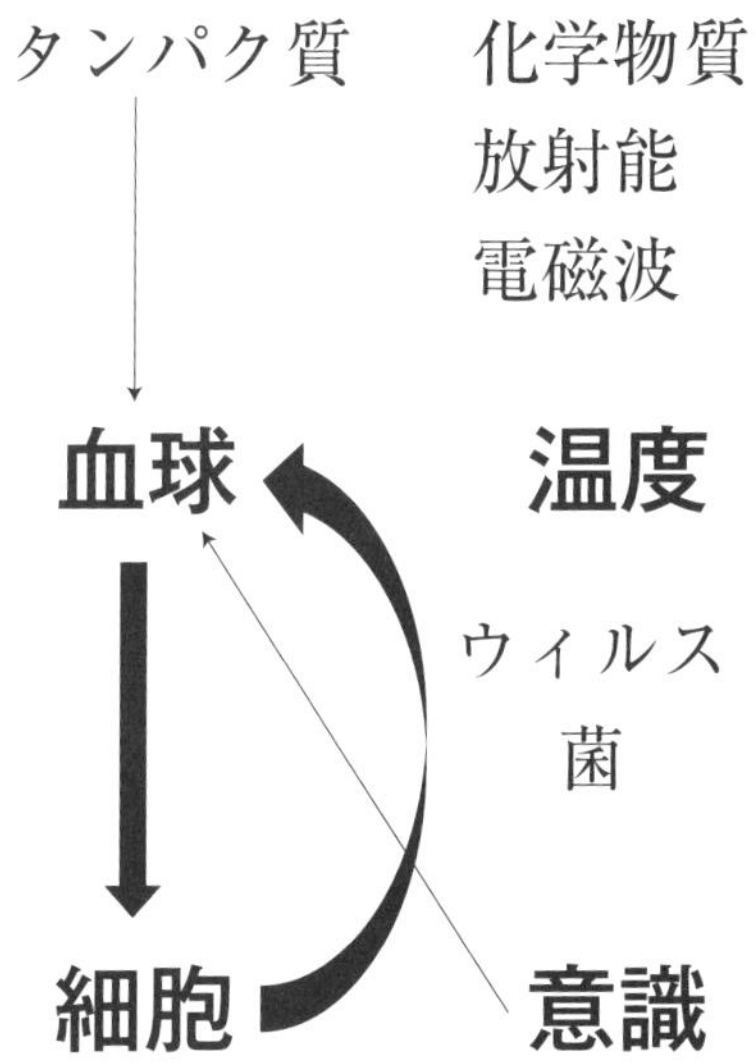

おわりに

人生は「**魂活**」です。

人間は輪廻転生を繰り返しています。人生のなかでは良いことばかりがあるわけではなくて苦しいこと辛いことも経験していきます。

アップダウンが激しい人、緩やかな人とそれぞれですが、みな一様に、ずっと良いことだけが続くかと思うと、なかなか難しい。

なぜ、悪いことが起こるのか？　そして、その時にどういう風にそれらに対処していくのか？　そこには、ふたつの事が大きく考えられます。ひとつは自分が蒔いた種という視点です。自分がやったことが自分に返ってきているのではないか？

何かものの見方が間違っていてその見方を変えなさいということで、同じようなことが起きているかもしれない、など自分の内面に目を向けてしっかりみてみる。

すると、同じ問題に対しても、自分の見方が大きく変わっていき、さらには１８０度変わったりすることが起きてきます。

たとえば、人間関係であんなに憎んでいた相手を結局自分が悪かったのかもしれないというところに至り、氣づきが発生すると憎しみや妬みというものが感謝に変わっていきます。

健康問題であれば、自分の生活習慣について見直す機会となる。仕事での問題も、自分の向き合い方についてじっくり内省してみることで、間違った方向へと向いていたかもしれないことに氣が付けるようになるのです。

すると、その出来事はもうあなたの中で解消されて二度と同じ事が起こらなくなるわけです。

もうひとつは、本文中に出てきます、「宣言をして行動をする『意宣り』」

私達はこの3次元という制限の多い次元で生きているわけです。それは、そこでそれぞれが今生の役目をはたしていく場所なのです。ですから、ただ、生きて死んでいくのでは、この世に生れ落ちた意味を成しえません。

問題が起きているのは、各人に与えられた課題です。

健康、お金、人間関係などいろいろな場面、テーマは違えど、超えていくべき課題が出てきます。

それを通して私たちの魂は磨かれていきます。

あなたがもし今苦しい立場でいるならば、何と共振共鳴しているかを、よく見て下さい。マイナスの波動の人のなかにいるのであれば、つき合う人たちを変える方がいいのですが、社会生活をしていれば、難しいこともたくさんあります。

その時は、ぜひとも自然界の中に身を置いて自然とつながることです。相対という常に比較が付き纏うこの社会の中で、自分を真に癒すのは、自然界の中に身を置くことです。自然という絶対の存在に自分をゆだねてつながっているということを実感してください。

波動が高まりエネルギーが満ち溢れていきます。

この社会で生きることこそが、「**魂活**」です。

今起きているすべてが、「**魂活**」の種となってあなたの魂を成長させています。

あなたの勇氣で未来がより良いものとなることを心から願っています。

千葉 一人

魂クリニック外氣功療法院　院主
2008年　国際学士院スウェーデン学士院健康医学部門から世界科学大賞を叙勲。
2008年　患者さん自身の自助療法するための元氣氣功法創設。
氣功療法院では、邪氣などの悪いエネルギーを抜き取り、本来の生命エネルギー循環を取り戻す治療法を通して、多くの不調を訴える人々を快癒へと導いてきた。その内容は直接結果の出ている症状に働きかけていく医療（現代医学）とは違い、結果を作り出し、影響させている原因を治すことを目的としており「場の医療」ともいえる。原因を解決して本来の治癒能力（自然治癒力）を復活させれば何病（精神的・肉体的・難病等）でも治癒していくことを広く提唱し活動している。封印解除などの研究を重ね、その後、十三仏をダウジングしていた時に、それぞれの仏様の写真から出ている波動が「ドイツ波動医学」であらわされる〝愛の波動〟であることを発見する。仏様の波動はそれぞれ異なり、段階的に並んでいて、最終的には、天に達する波動になることを突き止める。さらには、十三仏それぞれに順番に共振共鳴させることで誰でもが自分自身で波動を高められることに行きつく。人々の幸せを願い、「十三仏曼荼羅開運ピュア・ブレッシングカード」を世に出しさらなる活動を広げている。

魂クリニック外氣功療法院

〒213-0001
神奈川県川崎市高津区溝の口2-26-6
プロプリエテール三田301号
電話番号　044-813-4941
URL　http://www.gai-kikou.jp/、https://tamacli.jp/

魂活　人生の9割を思い通りに引き起こす

2020年12月10日第1刷発行

著　者　千葉 一人

発行所　㈱三楽舎プロダクション
〒170-0005　東京都豊島区南大塚3-53-2
大塚タウンビル3階
電話：03-5957-7783
FAX：03-5957-7784

発売所　星雲社（共同出版社・流通責任出版社）
〒112-0005　東京都文京区水道1-3-30
電話：03-3868-3275
FAX：03-3868-6588

印刷所　創栄図書印刷
装幀　Malpu Design（宮崎萌美）
DTP 制作　CAPS

万一落丁、乱丁などの不良品がございました際にはお取替えいたします。
ISBN 978-4-434-28235-5　c0095

三楽舎プロダクションの目指すもの

三楽舎という名称は孟子の尽心篇にある「君子に三楽あり」という言葉に由来しています。

孟子の三楽の一つ目は父母がそろって健在で兄弟に事故がないこと、二つ目は自らを省みて天地に恥じることがないこと、そして三つ目は天下の英才を集めて若い人を教育することと謳われています。

この考えが三楽舎プロダクションの根本の設立理念となっています。

生涯学習が叫ばれ、社会は少子化、高齢化さらに既存の知識が陳腐化していき、われわれはますます生きていくために、また自らの生涯を愉しむためにさまざまな知識を必要としています。

この知識こそ、真っ暗な中でひとり歩まなければならない人々の前を照らし、導き、激励をともなった勇気を与えるものであり、殺風景にならないように日々の時間を彩るお相手であると思います。

そして、それらはいずれも人間の経験という原資から繭のごとく紡ぎ出されるものであり、そうした人から人への経験の伝授こそ社会を発展させてきた、そしてこれからも社会を導いていくものなのです。

三楽舎プロダクションはこうしたなかにあり、人から人への知識・経験の媒介に関わり、社会の発展と人々の人生時間の充実に寄与するべく活動してまいりたいと思います。

どうぞよろしくご支援賜りますようお願い申しあげます。

三楽舎プロダクション一同